"市场·竞争·创新"系列丛书

中国证券市场信息交易风险定价研究

——基于投资者异质的视角

刘玉灿 丁晴◎著

经济管理出版社
ECONOMY & MANAGEMENT PUBLISHING HOUSE

图书在版编目（CIP）数据

中国证券市场信息交易风险定价研究——基于投资者异质的视角/刘玉灿，丁晴著．—北京：经济管理出版社，2018.5
ISBN 978-7-5096-5528-3

Ⅰ．①中…　Ⅱ．①刘…　①丁…Ⅲ．①股票价格—研究—中国　Ⅳ．①F832.51

中国版本图书馆 CIP 数据核字（2017）第 298187 号

组稿编辑：赵喜勤
责任编辑：赵喜勤　梁植睿
责任印制：司东翔
责任校对：王淑卿

出版发行：经济管理出版社
（北京市海淀区北蜂窝 8 号中雅大厦 A 座 11 层　100038）
网　　址：www.E-mp.com.cn
电　　话：（010）51915602
印　　刷：北京玺诚印务有限公司
经　　销：新华书店
开　　本：720mm×1000mm/16
印　　张：12
字　　数：183 千字
版　　次：2018 年 5 月第 1 版　　2018 年 5 月第 1 次印刷
书　　号：ISBN 978-7-5096-5528-3
定　　价：49.00 元

·版权所有　翻印必究·
凡购本社图书，如有印装错误，由本社读者服务部负责调换。
联系地址：北京阜外月坛北小街 2 号
电话：（010）68022974　　邮编：100836

前 言

1987 年美国股灾、1997 年亚洲金融危机、2008 年美国金融危机，都是首先从金融资产的交易开始的。金融资产的交易行情传递了极为重要的信息。对世界各国监管层、学术界以及实业界来说，如何从金融资产交易行情中提取信息以及根据提取的信息进行金融资产交易带来财富损失或收益的可能性有多大等显得尤为重要。金融资产的风险监管、风险管理以及金融新秩序的构建已成为当今学界最为关注的热点和难点。

本书由教育部人文社会科学研究项目一般规划基金项目（项目编号：12YJA790091）资助，旨在基于投资者异质的视角，以信息交易内涵刻画为切入点，基于信息经济学和金融工程学等科学研究方法，研究信息交易风险问题，提取信息交易风险的特征参数，解决信息交易风险度量和定价等科学问题；相关研究成果能为投资者对证券进行投资决策和风险控制提供帮助，并为监管层对证券进行风险监管以及保障证券市场有效运行提供重要的理论指导和决策依据。

本书分为三个部分，共八章内容，如图 0-1 所示。第一篇为理论研究，包括两章。第一章是信息交易风险相关理论及实证研究回顾，是对前人研究工作的总结及评价；第二章是信息交易相关理论及度量分析，是本书的理论创新点，从 EKOP 模型的逻辑理论框架入手，给出了信息交易概率参数 θ 的两种估计方法——EM 和智能粒子群算法，并给出了智能粒子群算法的 Matlab 程序实现。

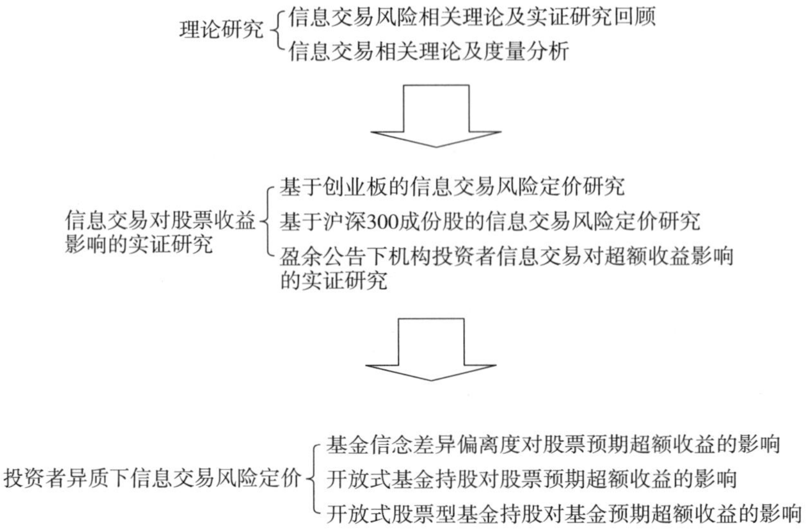

理论研究 { 信息交易风险相关理论及实证研究回顾
信息交易相关理论及度量分析

信息交易对股票收益影响的实证研究 { 基于创业板的信息交易风险定价研究
基于沪深300成份股的信息交易风险定价研究
盈余公告下机构投资者信息交易对超额收益影响的实证研究

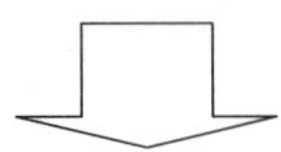

投资者异质下信息交易风险定价 { 基金信念差异偏离度对股票预期超额收益的影响
开放式基金持股对股票预期超额收益的影响
开放式股票型基金持股对基金预期超额收益的影响

图 0-1　本书的逻辑结构

第二篇为信息交易对股票收益影响的实证研究，是全书的主体部分，共分为三章内容，主要运用前面提出的理论分析框架，以中国证券市场 2013 年创业板以及 2011~2013 年沪深 300 成份股为样本，对中国证券市场信息交易风险（以 PIN 度量）对股票收益的影响进行研究，特别是盈余公告下信息交易风险对股票超额收益的影响。第三章以 2013 年上市创业板为样本将信息交易概率作为信息交易的度量指标，研究信息交易风险对控制 Fama-French 三因子后的股票超额收益定价问题，发现 15%显著水平下，信息交易概率对股票超额收益有显著的正影响。第四章以 2011~2013 年沪深 300 成份股为样本，研究信息交易的间接指标换手率和直接度量指标信息交易概率对股票收益的影响；同时给出信息熵和 Kullback-Leiber 距离两个新指标，并研究它们对股票收益的影响，发现换手率是个信息指标，而信息熵和 Kullback-Leiber 距离两指标的作用与信息交易概率没有本质不同，信息交易概率对股票收益的影响是混合的，大多不显著，这可能说明信息交易效应没什么，只是存在月份效应；与可能信息交易风险定价存在模型选择的风险。第五章研究盈余公告下信息交易概率对股票预期超额收益的影响，并结合机构投资者净交易指标进行，机构投资者异常净交易是度量机构投资者信息交易的一个重要指标；交易地点分上海和深圳，按市值分为大市值及中小市值样本，按交易金额 80%和 90%两个分位数对机构投资者交易进行分析。结果表明：①信息交易概率对盈余公告日后的超额收益存在负向影响。信息交易概率是具有私有信息的交易者占全部交易者的比例，PIN 越小，说明有信息的交易者越少，信息量越大，则其更容易获得超额收益。②信息交易概率对超额收益的作用会受到机构投资者异常净交易的影响。当机构投资者异常净交易值大于某一值时，信息交易概率对超额收益存在正向作用，此时 PIN 可以被看成是资产定价的一个风险因子；反之，当机构投资者异常净交易值小于某一值时，信息交易概率对超额收益存在负向作用，此时 PIN 是一个包含信息量的变量，PIN 值越大，信息量越小，获得的超额收益也就越小；反之则获得的超额收益越大。③结合与信息交易概率交叉项对超额收益的影响，机构投资者可能存在利用私有信息进行交易以获得超额收益的行为。④实证结果具有稳健性。

第三篇为投资者异质下信息交易风险定价，基于专业机构投资者——以开放式偏股型基金持股信息作为信息交易风险的度量指标，来研究基于机构投资者的信息交易对股票预期收益的影响，样本主要以股权分置改革后 2006~2015 年中国证券市场上开放式基金持股明细为样本。第六章研究基金信念偏离度对股票预期超额收益的影响，即开放式偏股型基金信念差异如何影响股票价格和后续回报。以 2006~2013 年沪深 300 指数为投资基准的积极型开放式偏股基金为样本，通过构建基金信念差异和股票预期收益指标，采用多元线性回归模型，考察信念差异对股票预期超额收益的影响。实证结果发现：当信念差异偏离度增加时，股票后续超额回报显著增加，且回归系数绝对值较大，说明信念差异偏离对超额收益的影响具有经济意义；当信念差异偏离度的增量增加时，股票后续回报显著增加。第七章研究开放式基金持股对股票预期超额收益的影响，即 2006 年 6 月至 2016 年 12 月基金的半年数据，采用多元线性回归、横截面回归和分位数回归分析法，实证检验持有股票的基金家数和基金持股比例对股票预期超额收益的影响。实证结果表明：基金持股宽度对股票超额收益的影响是显著为正的，且分位数回归系数是对称且相等的；基金持股深度对股票超额收益的影响是显著为正的，且分位数回归系数是显著非对称且不相等的；基金持股宽度和基金持股深度交叉项对股票超额收益的影响是显著为负的，且分位数回归系数是显著非对称且不相等的。也就是说，基金持股深度对股票超额收益的影响是非对称的，随着分位数增加而上升；交叉项对股票超额收益的影响也是非对称的，随着分位数的增加而下降。

第八章研究开放式基金持股对基金预期超额收益的影响，即 2004 年 1 月至 2011 年 12 月所有样本基金的年数据，采用组合分析法和多元线性回归分析法，实证检验规模对个体基金投资行为和基金家族投资行为的影响，并检验持股宽度对基金超额收益率的影响。实证结果表明：随着规模增长，基金会优先选择增持原有股票的持股深度；投资组合中持股宽度是以边际递减的方式增加的，但对于小盘股基金和大规模基金，持股宽度的增加速度很快；随着规模增长，小规模家族持股宽度的增加速度不如大规模家族，即对于新成立的基金，小规模家族的基金共同持股现象较严重；研究持股宽度对持有股票的超额收益率的影响，发现两者并不存在显著的关系，而且投资风格对这两者的关系也没有显著影响。

目 录

第一篇 理论研究

第二篇 信息交易对股票收益影响的实证研究

第三篇　投资者异质下信息交易风险定价

第一篇　理论研究

第一章　信息交易风险相关理论及实证研究回顾

信息不对称指信息在相互对应的经济个体之间呈不均匀、不对称的分布状态。由于信息不对称的存在，市场中不同的交易者所掌握的信息具有异质性，对信息掌握充分的一方处于有利地位，可以通过向无法掌握充分信息的一方传递可靠信息而在市场中获益，而信息匮乏的一方则处于不利地位。本章介绍信息交易及其风险相关理论及实证相关文献研究。

第一节　问题的提出

1987 年美国股灾、1997 年亚洲金融危机、2008 年美国金融危机，都是首先从金融资产的交易开始的。金融资产的交易行情传递了极为重要的信息。对世界各国监管层、学术界以及实业界来说，如何从金融资产交易行情中提取信息以及根据提取的信息度量金融资产交易带来财富损失或收益的可能性有多大等显得尤为重要。金融资产的风险监管、风险管理以及金融新秩序的构建已成为当今学界最为关注的热点和难点。

金融资产价格信息含量的提炼是近年发展起来的一个新的金融学研究领域。金融资产的宏观及微观公开信息是通过投资者的交易揭示出来的，而投资者的异质性导致投资者对公开信息的加工、处理及合成等的异质性，最终导致异质投资者对这些公开信息的解释是异质的。同时，在证券交易过程中，投资者拥有的信息是非对称的。相对个体投资者而言，机构投资者拥有资金、人才优势，具有很强的信息处理能力，因而它们具有信息优势（私有信息）。如果高的信息量导致好的决策，那么交易中所揭示的信息就是有价值的。当非知情投资者（或信息劣势投资者）和知情投资者（或信息占优投资者）进行交易时，就要面临因掌握信息少或没有信息而承担交易风险。

信息交易是指一部分投资者利用自己所掌握的“私有信息”所进行的交易，这里“私有信息”包含以上两部分。信息交易是交易的一个关键动机，由此而带来的损失的可能性称为信息交易风险或信息风险，即信息交易风险是指投资者利用信息交易获利或损失的可能性。投资者根据信息进行交易主要面临以下四方面的风险：一是信息本身不真实，如公司财务信息造假及粉饰等；二是信息不对称；三是信息的异质解释；四是对信息含量的度量不同。金融资产的宏观及微观公开信息是通过投资者的交易揭示出来的，而投资者的异质性导致投资者对公开信息的加工、处理及合成等的异质性，最终导致异质投资者对这些公开信息的解释是异质的。同时，在证券交易过程中，投资者具有的信息是非对称的。相对个体投资者而言，机构投资者拥有资金、人才优势，具有很强的信息处理能力，因而它们具有信息优势（私有信息）。如果高的信息量导致好的决策，那么交易中所揭示的信息就是有价值的。当非知情投资者（或信息劣势投资者）和知情投资者（或信息占优投资者）进行交易时，就要面临因掌握信息少或没有信息而承担交易风险。

投资者信息不对称以及对信息的异质解释最终通过投资者对金融资产的交易方向、交易价格、交易量和交易时间等基本交易行情信息体现出来。异质投资者对信息的异质解释是否会影响资产的价格以及如何影响资产的定价一直受到众多学者的关注。而异质投资者对信息的异质解释最终体现在投资者对金融资产的交易方向、交易价格、交易量和交易时间等基本交易因素上。交易是否存在有信息的交易，信息交易对证券的定价是否存在影响，这些问题对证券价格的形成研究都有着重要的意义。如果信息交易对证券的定价存在影响，那么从金融资产的交易方向、交易价格、交易量和交易时间等这些市场基本交易行为中，如何基于交易者的类型来提炼交易中有信息的交易并进行交易区分，并基于交易者类型对有信息的交易给出合理的度量，以及对基于这些信息进行投资面临的风险进行管理就显得尤为重要。信息交易的合理度量对揭示资产价格的形成过程将会提供帮助，并成为连接市场微观结构理论和股票定价理论的桥梁。最为关键的是基于交易者类型如何合理度量根据信息进行交易所带来的风险。

正是在这种背景下，本书基于投资者异质的视角，以信息交易内涵刻画为切入点，基于信息经济学和金融工程学等科学研究方法，研究信息交易风险问题，提取信息交易风险的特征参数，解决信息交易风险度量和定价等科学问题；相关的研究成果能为投资者对证券进行投资决策和风险控制提供帮助，并为监管层对证券进行风险监管以及保障证券市场有效运行提供重要的理论指导和决策依据。本书是信息交易风险定价领域中的一个既有理论和方法创新意义，又有较强应用前景的研究课题。本书研究的创新之处在于寻求更为科学的研究方法准确地对信息交易风险进行度量和定价，以揭示信息交易风险对股票定价的影响机理，并丰富信息交易风险定价的理论。

第二节 研究的意义

随着中国证券市场的发展，特别是随着融资融券、沪深 300 股指期货的推出，中国证券市场的发展将有质的飞跃。流动性好的大盘股的价值将越发凸显出来，即流动性风险溢价会显得越来越重要，流动性好的大盘股将会成为机构投资者投资组合中重要的选项。流动性风险是机构投资者研究投资组合重要的影响因素。

O’Hara 认为，证券市场具有两个重要的功能，即流动性和价格发现，且这两个功能对资产定价是很重要的。流动性是金融资产的基本特征之一，流动性风险也是投资者交易证券的一种重要风险，流动性是否影响资产的价格以及如何影响资产的定价一直受到众多学者的关注。目前，学界虽然没有对流动性做一个统一的定义，但流动性基本代表了投资者根据市场的供求关系以合理的价格迅速交易一定数量资产的能力。流动性这种交易不确定性给投资带来损失的可能就是流动性风险。早期关于流动性问题的研究，只关注个股流动性风险中特有风险贡献的部分，而对于是否存在受市场因素的系统性影响以及这种影响的大小很少有人研究。直到 1997 年的亚洲金融危机和 1998

年的美国债券市场引发的全球流动性风险，人们才开始关注整体范围内的流动性风险。有关系统流动性风险的研究一开始集中在分析各市场中是否存在系统性流动性风险，以及分析这种系统流动性风险受哪些因素影响。Pastor 和 Stambaugh（2003）首先研究了美国股票市场的系统流动性风险对股价的影响，认为系统流动性风险是影响资产定价的一个重要因子。

第三节　国内外研究现状及发展动态分析

Bagehot（1971）开创性地建立了信息交易模型，用买卖价差度量信息不对称程度，发现因不对称信息而进行交易可以获利。自此以后，国内外学者对信息交易及信息交易风险进行了大量的研究。证券市场中的信息风险是不能直接观测到的，国外研究学者最早用替代变量对信息风险进行间接度量。Copeland 和 Galai（1983）、Glosten 和 Milgrom（1985）、Glosten 和 Harris（1988）以及 Coller 和 Yohn（1997）选取买卖价差度量证券市场上的信息风险，研究做市商应对信息风险的行为，发现知情交易者越多，做市商设定的买卖价差越大。Stoll（1978）和 Stoll（1978，1989）用换手率度量过信息风险，Benston 和 Hagerman（1974）用非系统性风险来衡量信息风险的大小。Sarin、Shastr 和 Shastri（2000）甚至用公司股权结构来作为信息风险的间接度量指标。

从国外学者的研究中可以发现，无论是买卖价差、换手率还是非系统性风险、公司股权结构等都不能准确地衡量市场上的信息风险。首先，买卖价差、换手率是信息风险所造成的结果，公司股权结构是造成信息风险存在的原因；其次，这些变量只是从一个角度来衡量信息风险，并不能全面地度量信息风险；最后，这种类似的替代变量太多，无法进行统一比较。

一、信息交易风险的度量

1. 衡量信息交易风险的间接指标——流动性

市场非流动性源自市场非对称信息，它的存在是为了弥补与具有私有信息的交易者进行交易而产生的损失，反映了财富在不同投资者之间进行转移的状况。流动性度量指标实际上是一种间接度量信息不对称程度的指标，即信息交易风险的度量指标，反映了信息不对称的结果。

目前，学界虽然没有对流动性做一个统一的定义，但流动性基本代表了投资者根据市场的供求关系以合理的价格迅速交易一定数量资产的能力。流动性包含了许多市场交易特征，主要体现在宽度、深度、即时性和弹性四个维度。流动性的度量指标主要有相对买卖价差或有效性价差、换手率以及交易量等，主要涉及证券市场交易行为中的交易价格、交易量。国内外学者极大地丰富了流动性的概念和度量。Brennan 等（2012）给出了买、卖指令的非流动性指标度量，进而考察二者与股票回报间的关系，发现卖出指令流动性定价能力比买入指令要强。国内学者刘海龙、吴冲锋和吴文峰（2004）提出指令驱动机制下的股票流动性和市场流动性计算方法，研究涨跌幅限制与流动性的关系；韩国文和杨威（2008）从横纵两维上构建新的流动性风险测度模型。

目前，学界虽然对流动性没有统一的定义，但流动性度量指标基本都是交易价格、交易量、交易时间及交易方向等基本交易行情信息的简单的数学统计。

2. 衡量信息交易风险的直接指标——信息交易概率

国内学者郑振龙（2009）阐述了各种资产信息量的提炼方法，郑振龙和杨伟（2009）评述了信息风险（信息交易风险）的研究，为进一步研究信息交易度量及信息交易风险提供了一种研究思路和指引。下面主要从信息交易风险的直接度量指标——信息交易概率的研究进行梳理。

Easley、Kiefer、O'Hara 和 Paperman（1996）（简称 EKOP 模型）首次通过日内交易数据中的交易方向估计信息交易者在市场中所占比重，测出信息交易的概率——信息交易概率（PIN），即衡量信息不对称程度的一种直接指标。

Boehmer、Grammig 和 Theissen（2006）认为，信息交易是不能被观察的，验证 PIN 这种估算是不精确的，PIN 的偏差与证券的交易密度有关。Handa、Schwartz 和 Tiwari（2003）建立了订单驱动机制下基于订单类型的信息交易模型。Yan（2009）认为，Easley 等（1996）提出的 PIN 的计算方法是有缺陷的，Yan 提出了一个新的方法来计算 PIN 值。Easley、Prado 和 O'Hara（2011a，2011b，2012）在 EKOP 模型的基础上，研究 2010 年 5 月 6 日“闪电崩盘”中指令流毒性（Order Flow Toxicity）对流动性的影响，用 VPIN（the Volume Synchronized Probability of Informed Trading）度量这种委托流中毒，流动性提供商可通过“VPIN 合约”来动态地监测和管理这种指令流毒性的风险。信息交易概率（PIN）的度量需要用极大似然估计首先得到信息交易概率定义中的各个参数指标；VPIN 实际上是给出了一种基于成交量来估计 PIN 的方法，而避开用极大似然估计法对各个参数进行估计。Yan 和 Zhang（2012）认为，EKOP 模型中 PIN 的计算方法是有缺陷的，因为 PIN 不能解释大量的股票行为，并且各交易日之间是相互独立的。他提出了一个新的方法来计算 PIN 值，将卖盘数和买盘数分类，根据一定的推导方式得出新的 PIN 值。Ma、Hsieh 和 Chen（2007）以韩国证券市场为样本构建了指令驱动市场的 PIN 的估计模型。

国内学者李朋和刘善存（2006）将 PIN 分解为个股信息性交易概率（PINID）和市场信息性交易概率（PINM），研究发现 PINID 在 PIN 中占有大部分的比重。安实、张少军和高文涛（2007）考察了中国证券市场上投资者的行为并给出了衡量日内交易事件信息性交易概率的估计式。李广川、刘善存和邱菀华（2010）提出一种估计信息交易概率的新方法，运用 Probity 方法和马尔科夫转换技术得到其估计。

二、信息交易风险特征分析

1. 流动性时变性特征

Hasbrouck 和 Seppi（2001）也发现流动性并非单个股票的独立特性，各个股票的流动性指标具有相当明显的联动性（Co-movements）。Chordia、Sarkar 和 Subrahmanyam（2005）在实证分析股票市场和债券市场流动性的共同运动时发现，市场危机时期的货币政策放松有助于提高市场流动性。Chordia、Roll 和 Subrahmanyam（2009）发现高换手率和高频率的小交易具有相关关系。国内学者靳云汇和杨文（2002）、屈文洲和吴世农（2002）以及杨之曙和李子奈（2003）运用高频数据分析买卖价差的日内特征、变动模式和影响因素；仲黎明、刘海龙和吴冲锋等（2002）研究发现 B 股向境内投资者开放前后股市流动性的变化；房振明、王春峰和曹媛媛（2005）研究发现上海股市流动性确实存在明显的周内和日内变化模式。

2. 信息交易概率时变性特征

Lee 和 Liu（2011）利用 Easley 等（2010）定义信息交易概率 PIN，经研究发现股价信息和特质波动率间呈“U”形关系。Nyholm（2003）发现，信息交易概率模式与日内交易水平及报价价差水平高度相关。Ma、Hsieh 和 Chen（2007）发现韩国证券市场上信息交易概率、流动性和波动性间的关系：高信息交易概率水平导致低流动性和高波动性；反之亦然。国内学者杨之曙和姚松瑶（2004）利用 EKOP 模型度量了上海证券交易所股票的 PIN，发现交易活跃股票的 PIN 更低。王春峰、董向征和房振明（2005）发现在中国股票市场中 PIN 与市场流动性正相关，与波动性负相关。许敏和刘善存（2010）分析了不同类型知情者信息性交易的时变性特征。周强龙等（2015）研究中国股指期货市场知情交易概率、流动性与波动性的关系，发现中国股指期货市场知情交易概率较小；知情交易概率对流动性和波动性有显著的预测作用，与流动性呈负相关关系，与波动性呈正相关关系。

三、信息交易风险的定价

Wang（1993）认为，非信息交易者要求比信息交易者有一个更高的风险回报。Easley 和 O'Hara（2004）认为，信息不对称程度高的股票具有较高的回报，当其他条件不变时，非信息投资者要求获得风险溢价以持有信息不对称程度较高的股票，而且信息不对称的影响是不可分散化的。Bond 和 Eraslan（2010）认为，金融市场中的参与者都是因信息而交易的。

1. 信息交易风险的定价——流动性与资产定价的关系

Amihud 和 Mendelson（1986）首先发现证券回报率与流动性成本（相对买卖价差）之间存在正线性相关关系。Campbell、Grossman 和 Wang（1993）以及 Chordia、Subrahmanyam 和 Anshuman（2001）发现交易量与证券回报率具有显著的负相关关系；Brennan 和 Subrahmanyam（1996）发现买卖价差与预期回报率之间存在正相关关系，但呈现出凸的增函数特性；Jones（2001）发现，流动性指标（买卖价差和换手率）能够预测回报率（提前一年时间），买卖价差扩大预示高回报率，高换手率预示低回报率。Acharya 和 Pedersen（2005）建立带流动性风险的资产定价模型。

国内学者杨朝军、孙培源和施东晖（2002）较早地对流动性水平与资产定价关系进行研究。吴文锋、芮萌和陈工孟等（2003）利用日收益率绝对值与成交金额的比率代表非流动性，发现该指标与收益率呈正相关关系，表明中国股市存在流动性风险补偿。陆静和唐小我（2004）采用国内外市场具有共性的换手率作为流动性的度量指标，通过对上海证券交易所 A 股股票样本的研究，得出我国股票的流动性与期望收益率呈负相关的结论。吴卫星和汪勇祥（2004）认为股价波动风险的变化能够导致投资者参与市场的比例的变化，风险越大，越会只有资金相对较多的投资者留在市场，流动性水平随之下降。张维和梁朝晖（2004）研究表明，随着中国证券市场的发展，市场流动性特征也在发生变化，2002 年中国股票市场出现了“非流动性溢价”现象。

对于系统流动性风险的研究，国内学者宋逢明和谭慧（2005）以及于鑫和龚仰树（2008）检验中国证券市场中系统流动性的存在性，发现与发达市场相比，中国股票市场上存在更为显著的系统流动性。刘洋和刘善存（2008）以收益率与系统流动性因子的值作为系统流动性风险的代理变量，研究系统流动性风险与我国股市超额收益的关系，实证结果表明，系统流动性风险对我国股市超额收益有显著影响，β 值为正的股票获得正的系统流动性风险溢价，而 β 值为负的股票获得“负”溢价。

2. 信息交易风险的定价——信息交易概率与资产定价的关系

Easley 等（1996）基于 Fama-French 三因素模型，将信息交易概率 PIN 作为第四个因子引入到三因子模型中，发现信息交易概率确实可以作为一种风险因子，即信息交易的概率越高，相应的所需风险补偿也就越高。Easley、Hvidkjaer 和 O'Hara（2002）利用美国证券交易所的每日分笔数据验证发现在其他条件相同的情况下 PIN 值越大，股票的超额收益越高。Easley 和 O'Hara

(2004) 通过构建多资产的理性预期均衡模型验证了信息风险是影响股票超额收益的重要因素，即信息风险越大，资产的超额收益越高。Li 等 (2009) 首次将信息交易风险和系统流动性风险加入 Fama-French 三因素模型，实证发现股价与信息交易风险之间存在很强的正相关关系。Aslan 等 (2011) 分析了私有信息交易 (Private Information-based Trade) 的特征，用私有信息交易概率 (PPIN) 作为它的度量指标，实证发现信息交易风险 (或信息风险) 是可以被定价的。

国内学者李朋和刘善存 (2006) 采用 EKOP 模型度量上证 50 指数样本股一年间的信息性交易概率，验证了我国证券市场中存在信息性风险溢价。张维和张永杰 (2006) 研究发现异质信念对资产价格形成有影响。周开国、何兴强和柴俊 (2006) 基于 EKOP 模型用 H 股交易数据，实证发现 PIN 对股票收益具有正向影响。

四、信息交易风险定价模型的有效性验证

1. 流动性风险定价模型的有效性验证

Amihud (2002) 利用纽约证交所 1964~1997 年的交易数据，发现市场的预期流动性成本与股票的超额回报率具有正相关关系，而未预期到的流动性成本与股票的超额回报率具有负的相关关系。Pastor 和 Stambaugh (2003) 研究系统流动性风险对资产定价的影响，证明市场范围的流动性对于资产定价是一个稳定的影响因素，发现预期股价与系统流动性风险是相关的，系统流动性风险对高收益的股票影响更大。Gibson 和 Mougeot (2004) 运用二元 GARCH 模型，研究美国股市的系统流动性风险，发现美国的股价受系统流动性风险的影响。Brockman 和 Chung (2002) 研究了指令驱动市场的系统流动性风险，发现香港股市也存在着系统流动性风险。Mazouz、Alrabadi 和 Freeman (2010) 运用 Amihud (2002) 度量流动性的方法对伦敦股票交易所的数据进行分析，发现与美国学者的研究不同，伦敦股票市场并没有受到系统流动性风险的影响。

2. 信息风险定价模型的有效性验证

Copeland、Wong 和 Zeng（2009）以 2001 年至 2006 年期间上海 A 股为样本研究信息交易概率 PIN 在解释月回报中的作用，发现在控制了 Fama-French 三因子后信息交易概率对月回报仍有解释力。Mohanram 和 Rajgopal（2009）重复了 Easley 等（2002）的工作，进一步验证了 PIN 值与股票超额收益呈显著的正相关关系。Lu 和 Wong（2009）发现在我国台湾证券市场，PIN 值与股票超额收益呈显著的正相关关系。Li、Wang、Wu 和 He（2010）首次将信息交易风险和系统流动性风险结合起来，将这两个变量引入 Fama-French 三因素模型，给出了基于美国国债市场的信息交易风险和系统流动性风险的定价模型，发现股价与信息交易风险之间存在很强的正相关关系。Easley 等（2010）在控制了 Fama-French 三因子、动量以及 Pastor 和 Stambaugh（2003）的流动性因子和 Amihud（2002）的流动性因子后，发现信息交易仍是股票定价的一个重要因素。

但也有学者认为，PIN 值与股票超额收益之间并无显著的相关关系。Vega（2006）用 Easley 和 O'Hara（1992）的方法，实证检验公共信息及私人信息对股票收益的影响，结果发现并不是所有的信息变量对市场都有相同的作用。Kubota 和 Takehara（2009）利用 Easley 等（1996）提出的 EKOP 模型对东京股票交易所上市的股票进行了实证检验，结果显示，虽然信息风险与股票超额收益呈正相关关系，但关系并不显著。Duarte 和 Young（2009）基于 EKOP 模型研究信息交易概率对股票收益的影响，将 PIN 分解为信息不对称和流动性两部分，研究发现 PIN 中代表流动性的部分对股票定价有影响，而代表信息不对称的部分对股票定价没有影响。国内学者韩立岩、郑君彦、李东辉（2008）运用 2004 年沪市股票数据基于 EKOP 模型，实证发现 PIN 与股票收益是负相关的，与国外文献的实证结果相反。郑振龙和杨伟（2010）发现经典 PIN 不能准确测度股票信息风险。肖浩、夏新平和邹斌（2011）采用 EKOP 模型估计股票的信息性交易概率，将其作为知情交易的直接度量，实证结果表明个股信息性交易概率对股价同步性有负向影响，市场信息性交易概率与股价同步性有正相关关系。

第四节 国内外研究现状及发展动态评述

综观国内外已有的信息交易风险的文献，已有信息交易风险定价的研究主要是基于流动性指标和信息交易概率两类指标。已有信息交易风险的研究存在如下不足：

（1）在知情交易概率提出之前，国内外学者是寻找替代变量来间接度量信息风险的，如买卖差价、换手率、公司股权结构等。但是，由于这些替代变量不能准确度量信息风险，Easley 等（1996）提出了知情交易概率的概念，以 PIN 值来度量信息风险。自此之后，PIN 模型被广泛用于衡量证券市场的信息风险。但由于经典 PIN 模型的局限性，如 Nyholm（2002）提出的基于做市商（Specialist）的 PIN，Easley 等（2011）基于指令毒性提出的 VPIN。

在 PIN 模型被提出后，不少学者对信息风险与股票超额收益之间的关系进行了相关研究，但对于信息风险与股票超额收益是否呈显著的正相关关系还没有统一定论。

（2）金融资产的交易是一个复杂的受离散事件冲击的动态系统。已有信息交易风险度量指标没有考虑时点变动时信息交易变化也可能会含有信息。订单驱动市场的适用问题一直都是学术界争论的焦点和难点。

（3）证券市场信息交易研究大多集中于证券的价格、交易量等的数量分析，而对市场参与者结构的数量分析却鲜有论述，深入研究证券市场参与者结构，可以更好地把握证券市场结构的总体变化，既有理论价值又有现实意义。

基于此，信息交易风险定价研究需要进一步深入。为弥补以上不足，更好地研究证券市场的内在结构，把握市场结构变化对证券市场运行的影响，本书提出以下值得研究的问题：基于证券交易者持股信息的变化所传递的信息是怎样的？这些信息对投资者行为及资产定价的影响机制如何？毋庸置疑，国内外学者有关信息风险的研究成果，为本书的研究提供了良好的基础。但由于现有的信息交易的度量指标流动性和信息交易概率还存在如上缺陷，因此本书基于投资者异质的视角，也基于机构投资者交易信息的度量信息交易的指标，考察信息交易对股票收益的影响。

参考文献

[1] B. Ke, K. Petroni. How Informed Are Actively Trading Institutional Investors? Evidence from Their Trading Behavior before a Break in a String of Consecutive Earnings Increases [J]. Journal of Accounting Research, 2004, 42 (5): 895-927.

[2] C. W. Holden, A. Subrahmanyam. Long-lived Private Information and Imperfect Competition [J]. The Journal of Finance, 1992, 47 (1): 247-270.

[3] D. Easley, M. Lopez de Prado, M. O'Hara. Flow Toxicity and Volatility in a High Frequency World [J]. Review of Financial Studies, 2012, 25 (5): 1457-1493.

[4] D. Easley, M. Lopez de Prado, M. O'Hara. The Exchange of Flow Toxicity[J]. Journal of Trading, 2011b, 6 (2): 8-13.

[5] D. Easley, M. Lopez de Prado, M. O'Hara. The Microstructure of the Flash Crash: Flow Toxicity, Liquidity Crashes and the Probability of Informed Trading [J]. The Journal of Portfolio Management, 2011a, 37 (2): 118-128.

[6] D. Easley, M. O'Hara. Information and the Cost of Capital [J]. The Journal of Finance, 2004, 59 (4): 1553-1583.

[7] D. Easley, N. Kiefer, M. O'Hara, J. B. Paperman. Liquidity, Information, and Infrequently Traded Stocks [J]. The Journal of Finance, 1996, 51 (4): 1405-1436.

[8] D. Easley, N. Kiefer, M. O'Hara. The Information Content of the Trading Process [J]. Journal of Empirical Finance, 1997, 4 (2-3): 159-186.

[9] D. Easley, R. F. Engle, M. O'Hara, L. Wu. Time - Varying Arrival Rates of Informed and Uninformed Traders [J]. Journal of Financial Econometrics, 2008, 6 (2): 171-207.

[10] D. Easley, S. Hvidkjaer, M. O' Hara. Factoring Information into Returns [J]. Journal of Financial and Quantitative Analysis, 2010, 45 (2): 293-309.

[11] D. Easley, S. Hvidkjaer, M. O' Hara. Is Information Risk a Determinant of Asset Returns [J]. The Journal of Finance, 2002, 57 (5): 2185-2221.

[12] E. Boehmer, J. Grammig and E. Theissen. Estimating the Probability of Informed Trading-Does Trade Misclassification Matter? [J]. Journal of Financial Markets, 2007, 1 (10): 26-47.

[13] F. Black. Noise [J]. The Journal of Finance, 1986, 41 (3): 529-543.

[14] F. D. Foster, S. Viswanathan. Strategic Trading When Agents Forecast the Forecasts of Others [J]. The Journal of Finance, 1996, 51 (4): 1437-1478.

[15] G. A. Akerlof. The Market for "Lemons": Quality Uncertainty and the Market Mechanism [J]. The Quarterly Journal of Economics, 1971, 84 (3): 488-500.

[16] G. J. Benston, R. L. Hagerman. Determinants of Bid-asked Spreads in the Over-the-counter Market [J]. Journal of Financial Economics, 1974, 1 (4): 353-364.

[17] H. Aslan, D. Easley, S. Hvidkjaer, M. O' Hara. The Characteristics of Informed Trading: Implications for Asset Pricing [J]. Journal of Empirical Finance, 2011, 18 (5): 782-801.

[18] J. B. de Long, A. Shleifer, L. H. Summers, R. J. Waldmann. Noise Trader Risk in Financial Markets [J]. Journal of Political Economy, 1990a, 98 (4): 703-738.

[19] J. Grammig, D. Schiereck, E. Theissen. Knowing Me, Knowing You: Trader Anonymity and Informed Trading in Parallel Markets [J]. Journal of Financial Markets, 2001, 4 (4): 385-412.

[20] K Back. Insider Trading in Continuous Time [J]. The Review of Financial Studies, 1992, 5 (3): 387-409.

[21] K. Mazouz, D. W. H. Alrabadi, M. C. Freeman and S. Yin. Systematic Liquidity Risk and Asset Pricing: Evidence from London Stock Exchange [J]. International Journal of Banking Accounting & Finance, 2010, 2 (4): 387-403.

[22] K. P. Fuller, B. F. Van Ness, R. A. Van Ness. Is Information Risk Priced for NASDAQ-listed Stocks? [J]. Review of Quantitative Finance and Accounting, 2010, 34 (3): 301-312.

[23] L. Pastor and R. Stambaugh. Liquidity Risk and Expected Stock Returns [J]. Journal of Political Economy, 2003, 111 (3): 642-685.

[24] L. R. Glosten, P. R. Milgrom. Bid, Ask and Transaction Prices in a Specialist Market with Heterogeneously Informed Traders [J]. Journal of Financial Economics, 1985, 14 (1): 71-100.

[25] P. Brockman, D. Y. Chung. Informed and Uninformed Trading in an Electronic, Order Driven Environment [J]. Financial Review, 2000, 35 (2): 125-146.

[26] T. Chordia, R. Roll and A. Subrahmanyam. Recent Trends in Trading Activity and Market Quality [J]. Journal of Financial Economics, 2011, 101 (2): 243-263.

[27] W. Bagehot. The Only Game in Town [J]. Financial Analysts Journal, 1971, 27 (2): 12-14.

[28] 韩立岩，郑君彦，李东辉．沪市知情交易概率（PIN）特征与风险定价能力[J]. 中国管理科学，2008（16）：16-24.

[29] 李朋，刘善存．信息性交易概率分解与买卖价差研究[J]. 南方经济，2006（2）：13-22.

[30] 刘莎莎，孔东民，邢精平．私有信息风险被市场定价了吗？——来自中国股市的证据[J]. 金融评论，2011（1）：61-74.

[31] 刘元海，陈伟忠．中国股市知情交易概率的测定[J]. 同济大学学报（自然科学版），2004（32）：118-122.

[32] 陆静，唐小我．股票流动性与期望收益的关系研究[J]. 管理工程学

报，2004（2）：109-111.

[33] 屈文洲，吴世农．中国股票市场微观结构的特征分析——买卖报价价差模式及影响因素的实证研究［J］．经济研究，2002（1）：56-63.

[34] 沈冰，冉光和，钟剑．我国股票市场知情交易的形成及策略分析［J］．管理世界，2012（1）：170-171.

[35] 王春峰，董向征，房振明．信息交易概率与中国股市价格行为关系的研究［J］．系统工程，2005（2）：62-67.

[36] 吴文锋，芮萌，陈工孟．中国股票收益的非流动性补偿［J］．世界经济，2003（7）：54-60.

[37] 许敏，刘善存．交易者市场到达率及影响因素研究［J］．管理科学学报，2010（13）：85-94.

[38] 杨之曙，姚松瑶．沪市买卖价差和信息性交易实证研究［J］．金融研究，2004（4）：45-56.

[39] 张维，张永杰．异质信念、卖空限制与风险资产价格［J］．管理科学学报，2006，9（4）：58-64.

[40] 张铮，刘力．换手率与股票收益：流动性溢价还是投机性泡沫？［J］．经济学季刊，2006（3）：871-892.

[41] 赵西亮，邹海峰．知情交易概率能够测度信息风险吗？——以并购公告前后的信息效应为例［J］．经济管理，2010（9）：139-146.

[42] 郑振龙，杨伟．基于经典 PIN 模型的股票信息风险测度研究［J］．管理科学，2010（6）：91-99.

[43] 周开国，何兴强，柴俊．股票交易活跃性、流动性与基于信息的交易［J］．财经问题研究，2006（8）：50-59.

第二章　信息交易相关理论及度量分析

第一章介绍了信息交易相关文献研究。信息交易概率是一种间接度量信息交易的方法。信息交易概率计算采用 EHOH 模型，根据贝叶斯均衡推导出 PIN 的值。EHOH 模型是在 Easley、Kiefer、O'Hara 和 Paperman（1996）EKOP 模型的基础上发展而来的，由 Easley、Hvidkjaero 和 O'Hara（2002）首先提出，简称信息交易模型（EHOH），并广泛用于实证研究中。

本章将在信息交易模型（EHOH）的理论基础上，给出一种得到信息交易概率的 EM 求解算法、粒子群算法及其实现。

第一节　信息交易相关理论

一、信息交易相关理论

1. 信息不对称理论

在微观结构理论中，信息的重要性首先体现为信息不对称导致的逆向选择问题以及由此产生的价差中的逆向选择成本。信息不对称指信息在相互对应的经济个体之间呈不均匀、不对称的分布状态。由于信息不对称的存在，市场中不同的交易者所掌握的信息便具有异质性，对信息掌握充分的一方处于有利地位，可以通过向无法掌握充分信息的一方传递可靠信息而在市场中获益，而信息匮乏的一方则处于不利地位。

逆向选择是指信息充分的一方利用信息优势做出对自己有利而对另一方不利的事情，从而扭曲价格，降低市场效率。Akerlof（1971）提出著名的柠檬市场模型，对具有逆向选择这一信息问题的市场第一次进行了正式分析，认为由于买卖双方存在信息不对称，二手车市场最终会萎缩成只有劣等产品充斥其中的市场，从而趋向崩溃。他同时指出，逆向选择问题可以解释许多经济制度。

Bagehot（1971）首次尝试用信息成本来解释市场价差，第一次区分了信息模型中的重要概念——知情交易者（Informed Trader）和非知情交易者（Uninformed Trader）。知情交易者在知道股价被低估时买入，而在股价被高估时卖出。尽管做市商知道知情交易者的这种行为，但做市商的义务迫使其必须交易。因而，当做市商与这些知情者进行交易时，做市商总是亏损的，只能通过扩大价差从非知情交易者处盈利来弥补其与知情交易者交易的亏损。Bagehot 之后的信息模型也沿着信息不对称这条主线展开。

2. 噪声交易理论

20 世纪 80 年代以来，随着行为金融学的兴起和信息经济学的广泛应用，学者们开始广泛关注噪声交易。

由于噪声交易的起源一开始并没有被显性地模型化，于是对它产生了各种不同的解释。一些学者认为，噪声交易是以流动性或套期保值动机而进行的交易，这与理性或者有效市场的观点相一致。Kyle（1985）较早提出了“噪声交易”的术语来表达流动性交易的含义，在他的模型中，噪声交易者随机地提交指令，只是流动性交易者；Black（1986）等学者认为，噪声交易代表非理性交易主体的行为，按照他的定义，噪声（Noise）是与信息（Information）相对的概念，是人们用以当作信息一样作为交易决策基础的信号，他认为噪声交易者作为一个整体将是亏损的，而信息交易者则在财务上处于强势；De Long、Shleifer、Summers 和 Waldmann（1990a）的结论与 Black（1986）的不同，他们的模型将交易者分为两类：一类为理性交易者，另一类为噪声交易者。噪声交易者的生存基础在于他们通过自己的资产需求行为给理性投资者带来了一种额外的风险，使这些理性投资者的无风险套利机会变成有风险的，从而形成套利限制，能够长期在市场生存。

二、信息交易模型

1. 单一信息交易者模型

Kyle（1985）在单个信息交易者多时期交易模型下研究了序贯拍卖均衡。他假设了一种离散时间框架，N 次交易在同一交易日内序贯发生，市场上有三类交易者：信息交易者、噪声交易者（流动性交易者）以及做市商。Kyle 研究发现信息交易者的先验信息越多，市场深度越低并且预期盈利越高。在序贯拍卖模型中，信息交易者通过不断交易使盈利最大化，并且会不断变化最优交易数量来隐藏其交易，避免被做市商发现。

如果把序贯拍卖模型的交易时间间隔取得足够短，那么就会变成连续拍卖模型。Kyle（1985）提出了连续拍卖模型，在给定做市商定价策略、信息交易者交易策略的情况下最大化信息交易者的预期盈余。Back（1992）在 Kyle 的模型上进行扩展，更全面地分析了连续拍卖模型。他证明在均衡时，信息交易者可能存在多个最优交易策略，但是均与噪声交易无关，并且信息交易者的交易策略不会受到离散型订单的限制。Back 所采用的分析方法可以考虑资产价值不同分布下的最优定价原则，而非只考虑正态分布等特殊情况。他还证明信息交易者以及价格中所包含的信息量会随着非信息交易者的增加而增加。

2. 多个信息交易者的模型分析

单个信息交易者的模型表明信息交易者具有正的盈余预期，而该预期会驱动其他交易者成为信息交易者，所以信息交易者的数目有可能是内生的。

Holden 和 Subrahmanyam（1992）建立了一个允许信息交易者的数目发生变化的多时期拍卖模型。他们假设每一位信息交易者都知道相同的私人信息，并且具有相同的预测。模型证明，随着单位时间内拍卖次数的增加，每次拍卖的期望信息交易数量会减少。模型同时证明，随着信息交易者数目增加，他们之间的竞争更加激烈，从而使私人信息很快被反映到价格中去。因此，当信息交易者之间存在竞争时，他们较可能怕私人信息不能长时间保密而采取积极的大单交易策略。

Foster 和 Viswanathan（1996）建立了一个信息交易者具有异质信息的多期模型，信息交易者之间存在竞争，也可以从指令流中获取其他交易者的信号。他们的研究表明，初始信息之间的相关性可以影响信息交易者之间的竞争程度、获利以及价格中包含的信息，当信息相关性较弱时，保持总体流动性不变而增加交易期数可以增加信息交易者的获利并减弱他们之间的竞争。

第二节 信息交易的测度方法

一、信息交易的间接测度

由于信息交易不能确切计算，早期衡量信息交易主要通过间接的方法进行测度，通常用一些与信息非对称程度相关的指标来衡量市场的信息交易。由于与信息不对称相关的度量指标较多，因此信息交易的间接度量指标也较多，较为广泛使用的指标是买卖价差，也有学者用非系统风险、内部人持股等指标来间接测度信息交易。有学者认为，这些度量指标既可能是导致信息交易的原因之一，也可能是信息交易导致的后果。

Bagehot（1971）认为，做市商所面临的逆向选择问题可以通过买卖价差来解释。买卖价差反映了做市商在信息不对称的情况下对市场价格运行的预期。Glosten 和 Milgrom（1985）建立了一个序贯交易模型，通过考察做市商设定的买卖报价的变动来分析指令流与市场报价设定之间的动态关系，该模型描述了影响价差的具体因素，分析了信息交易者数量以及内在信息的性质等因素是如何影响买卖价差的。

Benston 和 Hagerman（1974）认为，非系统性风险可以用来作为信息交易的代理变量。做市商会将与信息交易者交易中的信息不对称反映在价差上，而非系统风险和买卖价差之间存在显著的正向相关关系，因此信息不对称的风险与非系统性风险正相关。

二、信息交易的直接测度——信息交易概率

（1）Easley、Kiefer、O'Hara 和 Paperman（1996）建立了 EKOP 模型，首

次采用直接的方式测度市场的信息不对称程度。他们的研究以做市商市场为背景，将市场上的交易者分为知情与非知情两类，计算这两种交易者在三种信息状态下到达市场的期望值，以信息交易到达率在总交易中的比例作为信息交易概率，即 PIN 值。在 EKOP 模型的基础上，他们利用在纽约证券交易所上市股票的日内数据确定交易次数和交易方向，估计了信息交易风险，发现交易活跃股票的信息交易风险比交易不活跃的股票低，但股票信息交易风险大小与交易量大小无关。Easley、Kiefer 和 O'Hara（1997）在 EKOP 模型的基础上，加入了成交量以及交易时点等因素进行修正，完善了信息交易概率模型。

EKOP 模型提出信息交易的直接测度后，很多学者利用 PIN 值进行了研究。

Brockman 和 Chung（2000）利用 EKOP 模型计算 PIN 值，考察了由电子订单驱动的香港证券市场信息交易者与非信息交易者的行为。研究发现，高交易量的公司更有可能经历信息事件，并且该信息事件不大可能是坏消息；交易活跃的公司虽然对信息交易者和非信息交易者都有较大吸引力，但是信息交易概率不大。他们的研究还表明，控制了价格、交易量以及方差的变动，PIN 值在流动性供应过程中起着重要作用，高 PIN 值会引致大的价差和低的深度，由此降低公司的流动性。Grammig、Schiereck 和 Theissen（2001）将 EKOP 模型扩展为可以同时估计两个平行市场参数，利用来自传统实名制交易厅交易与现代匿名电脑化交易共存的德国证券市场的数据，检验了信息交易概率是否与匿名交易有关。研究发现，交易所交易的股票信息交易概率明显较低，同时发现价差和逆向选择部分的大小与信息交易概率正相关。

Easley、Engle、O'Hara 和 Wu（2008）通过允许信息交易者和非信息交易者的市场到达率时变对 EKOP 模型进行了改进。他们用 16 只交易活跃股票 15 年的数据估计了信息交易者到达率的二元广义自回归密度，预测 PIN 值，发现 PIN 值随时间变化，不同资产有不同的 PIN 值，但是具有一定相关性。他们还发现 PIN 值会在盈余公告前上升，之后下降。Easley、Lopez 和 O'Hara（2011b，2012）基于交易量非平衡和交易密度对信息交易概率提出了新的估计方法，称为 VPIN。该方法的一个重要优势是不需要估计一些无法观测的参数作为中间变量，克服了模型中参数估计的复杂问题。

（2）我国学者也对信息交易概率进行了部分研究。许敏、刘善存（2010）用上海证券市场2003 年7 月1 日至12 月31 日的高频交易数据，实证研究了市场上信息与非信息交易者的到达率及其影响因素。他们得出的结论为，信息交易者主要受宏观市场特征的影响，而非信息交易者主要受微观市场特征的影响；我国股票市场信息性交易概率约为 20%。赵西亮和邹海峰（2010）研究了并购公告前后的信息效应，认为 PIN 并不是衡量信息不对称的很好指标。他们研究了 2004~2008 年的 86 起并购重组事件，发现并购公告前的 PIN 低于并购公告后的 PIN，从而认为 PIN 不能很好地反映信息不对称。郑振龙和杨伟（2010）的实证研究发现买卖指令间呈正相关性，这与经典 PIN 模型隐含的买卖指令之间的负相关性正好相反，所以他们认为经典 PIN 模型并不能准确测度股票信息风险。

第三节 信息交易概率度量模型及算法

一、理论假设

根据 Easley 等（1996）的方法建立 EKOP 模型，计算信息交易概率，即 PIN 值。在 EKPO 模型中，交易者分为两类：信息交易者与非信息交易者。每个交易日开始时，当天是否会发生关乎资产价值的信息事件是随机的，信息事件独立分布，发生的概率为 α，则当天无信息发生的概率为 $1-\alpha$。发生的信息为坏消息的概率为 δ，为好消息的概率为 $1-\delta$。无论当天是否有信息发生，非信息交易者均会到达市场进行买卖操作，并且非信息交易买方和非信息交易卖方的到达率均服从均值为 ε 的泊松分布。信息交易者只会在有消息发生时到达，好消息发生时，信息交易者会提前买入股票，当好消息将股价推高时，信息交易者就能获得收益；同样，当坏消息发生时，信息交易者会提前卖出股票以避免损失甚至套利。信息交易者到达率①服从均值为 μ 的泊松分布。

二、模型描述

如图 2-1 所示，在每个交易日开始时，由自然选择是否发生信息事件，并且选择该信息是好消息还是坏消息。消息发生且是好消息的概率为 $\alpha(1-\delta)$，在这种情况下信息交易者会进行买入操作，所以买盘的次数服从均值为$(\mu+\varepsilon)$的泊松分布，而卖盘的次数服从均值为 ε 的泊松分布；消息发生且是坏消息的概率为 αδ，在这种情况下信息交易者会进行卖出操作，所以买盘的次数服从均值为 ε 的泊松分布，而卖盘的次数服从均值为$(\mu+\varepsilon)$的泊松分布；当没有信息发生时，市场上只有非信息交易者进行交易，因此买盘和卖盘的次数均服从均值为 ε 的泊松分布。

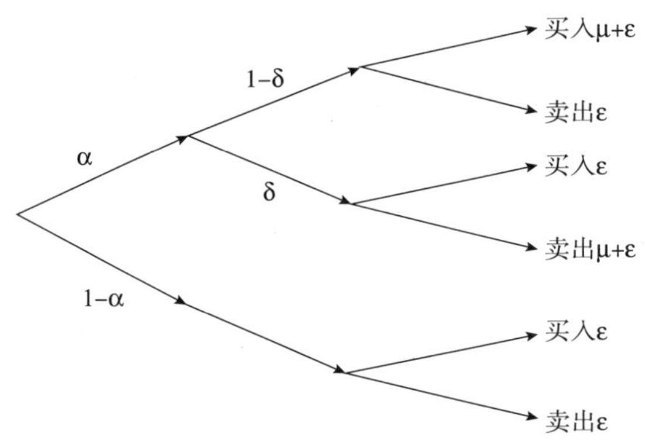

图 2-1 信息交易示意

三、模型建立

假设在 t 时刻，有好消息到达的概率为 $P_g(t)$，有坏消息到达的概率为 $P_b(t)$，无信息到达的概率为 $P_n(t)$，则在 t 时刻：

① 为方便起见，本书中假设非信息交易买方和非信息交易卖方的到达率相同，均为 ε。

发生买盘的概率为：

$$P_t(B)=P_g(t)(\mu+\varepsilon)+P_b(t)\varepsilon+P_n(t)\varepsilon=\mu P_g(t)+\varepsilon \tag{2-1}$$

该买盘是由信息交易者做出的概率为：

$$\mu P_g(t)/(\mu P_g(t)+\varepsilon) \tag{2-2}$$

同理，发生卖盘的概率为：

$$P_t(S)=P_g(t)\varepsilon+P_b(t)(\mu+\varepsilon)+P_n(t)\varepsilon=\mu P_b(t)+\varepsilon \tag{2-3}$$

该卖盘是由信息交易者做出的概率为：

$$\mu P_b(t)/(\mu P_b(t)+\varepsilon) \tag{2-4}$$

则一笔交易由信息交易者做出的概率，即信息交易的概率为：

$$PIN=\frac{P_g(t)\mu+P_b(t)\mu}{P_t(B)+P_t(S)}=\frac{\alpha\mu}{\alpha\mu+2\varepsilon} \tag{2-5}$$

其中，$P_g(t)+P_b(t)=\alpha$。

参照 Easley、Hvidkjaero 和 O'Hara（2002）的方法构造极大似然估计方程来估计参数 $\theta=(\alpha,\ \delta,\ \mu,\ \varepsilon)$，每只股票每日的极大似然方程表示为：

$$L(\theta\mid B_i,\ S_i)=(1-\alpha)e^{-2\varepsilon}\frac{\varepsilon^{B_i}\varepsilon^{S_i}}{B_i!\ S_i!}+\alpha(1-\delta)e^{-(\mu+2\varepsilon)}\frac{(\mu+\varepsilon)^{B_i}\varepsilon^{S_i}}{B_i!\ S_i!}$$
$$+\alpha\delta e^{-(\mu+2\varepsilon)}\frac{\varepsilon^{B_i}(\mu+\varepsilon)^{S_i}}{B_i!\ S_i!} \tag{2-6}$$

其中，B_i 和 S_i 分别表示每只股票每日的买盘和卖盘笔数。

由于每个交易日相互独立，则股票 i 在 I 个交易日内的极大似然方程为：

$$L(\theta\mid B,\ S)=\prod_{i=1}^{I}L(\theta\mid B_i,\ S_i) \tag{2-7}$$

将式（2-7）极大化，得到参数 $\theta=(\alpha,\ \delta,\ \mu,\ \varepsilon)$ 的估计值。该参数中包含了个股信息与非信息交易者到达的概率，也体现了该股的信息事件构成。将估计值代入式（2-5），计算出 PIN 值。

四、信息交易概率的 EM 求解

采用 EM 算法来估计式（2 7）的极大值。EM 算法即最大期望算法，在统计计算中被用于寻找参数的最大似然估计。EM 算法由两个步骤组成，E 步计算期望，估计未知参数的期望值；M 步在 E 步计算的估计值基础上求极值。

计算如下：

（1）E 步：求期望值。

记：
$$\begin{cases} p_{1i}=e^{-2\varepsilon}\dfrac{\varepsilon^{B_i}\varepsilon^{S_i}}{B_i!\ S_i!} \\ p_{2i}=e^{-(\mu+2\varepsilon)}\dfrac{(\mu+\varepsilon)^{B_i}\varepsilon^{S_i}}{B_i!\ S_i!} \\ p_{3i}=e^{-(\mu+2\varepsilon)}\dfrac{\varepsilon^{B_i}(\mu+\varepsilon)^{S_i}}{B_i!\ S_i!} \\ p_i=p_{1i}+p_{2i}+p_{3i},\ i=1,2,3,\cdots,I \end{cases} \tag{2-8}$$

进行极大似然估计：

$$P(\theta,\theta^{(m-1)})=\sum_{i=1}^{I}\left\{\begin{matrix}\dfrac{(1-\alpha^{(m-1)})p_{1i}^{(m-1)}}{p_i^{(m-1)}}Ln[(1-\alpha)p_{1i}]+\dfrac{\alpha^{(m-1)}(1-\delta^{(m-1)})p_{2i}^{(m-1)}}{p_i^{(m-1)}} \\ Ln[\alpha(1-\delta)p_{2i}]+\dfrac{\alpha^{(m-1)}\delta^{(m-1)}p_{3i}^{(m-1)}}{p_i^{(m-1)}}Ln(\alpha\delta p_{3i})\end{matrix}\right\} \tag{2-9}$$

其中，$\theta^{(m-1)}=(\alpha^{(m-1)},\delta^{(m-1)},\varepsilon^{(m-1)},\mu^{(m-1)})$。

$$P(\theta^m,\theta^{(m-1)})=\max P(\theta,\theta^{(m-1)}) \tag{2-10}$$

（2）M 步：求极值。

通过 M 步迭代，求得最优值。M 步迭代通过求解$\dfrac{\partial P(\theta,\theta^{(m-1)})}{\partial\theta}$得到 θ^m。对参数 $\theta=(\alpha,\delta,\mu,\varepsilon)$ 求导解方程组得：

为求解方便，记：

$$\begin{cases} q_{1i}^{(m-1)}=\dfrac{(1-\alpha^{(m-1)})p_{1i}^{(m-1)}}{p_i^{(m-1)}} \\ q_{2i}^{(m-1)}=\dfrac{\alpha^{(m-1)}(1-\delta^{(m-1)})p_{2i}^{(m-1)}}{p_i^{(m-1)}} \\ q_{3i}^{(m-1)}=\dfrac{\alpha^{(m-1)}\delta^{(m-1)}p_{3i}^{(m-1)}}{p_i^{(m-1)}} \end{cases}$$

得各参数值：

$$\begin{cases}\alpha = \dfrac{\sum\limits_{i=1}^{I} q_{2i}^{(m-1)} + q_{3i}^{(m-1)}}{I} \\ \delta = \dfrac{q_{3i}^{(m-1)}}{\sum\limits_{i=1}^{I} q_{2i}^{(m-1)} + q_{3i}^{(m-1)}} \\ \varepsilon = \dfrac{I + \sum\limits_{i=1}^{I} q_{1i}}{\sum\limits_{i=1}^{I} [B_i(1 - q_{2,i}) + S_i(1 - q_{3,i})]} \\ \mu = \dfrac{\sum\limits_{i=1}^{I} (B_i q_{2,i} + S_i q_{3,i})}{I - \sum\limits_{i=1}^{I} q_{1i}} \end{cases} \tag{2-11}$$

第四节　信息交易概率度的一种智能粒子群算法

一、智能粒子群算法简介

智能单粒子群算法（Intelligent Single Particle Optimizer，ISPO）把整个矢量分成若干子矢量，并按顺序循环更新每个子矢量。在子矢量的更新过程中，此算法通过引入一种新的学习策略，使粒子在更新过程中能够分析之前速度的更新情况，并决定子矢量在下一次迭代中的速度。此算法在优化复杂的具有大量局部最优点的高维多峰函数方面具有一定的优势，其性能显著优于最近提出的粒子群改进算法的性能，且其解非常接近全局最优点（介婧、徐新黎，2017）。

1. 标准粒子群算法

设 $z_i=(z_{i1}, z_{i2}, \cdots, z_{id}, \cdots, z_{iD})$ 为第 i 个粒子（$i=1, 2, \cdots, m$）的 D 维位置矢量，根据事先设定的适应值函数计算 z_i 当前的适应值，即可衡量粒子位置的优势；$v_i=(v_{i1}, v_{i2}, \cdots, v_{id}, \cdots, v_{iD})$ 为粒子 i 的飞行速度，即粒子移动的距离；$p_i=(p_{i1}, p_{i2}, \cdots, p_{id}, \cdots, p_{iD})$ 为粒子迄今为止搜索到的最优位置；

$p_g=(p_{g1}, p_{g2}, \cdots, p_{gd}, \cdots, p_{gD})$为整个粒子群迄今为止搜索到的最优位置。

在每次迭代中，粒子根据以下式子更新速度和位置：

$$v_{id}^{k+1}=wv_{id}^{k}+c_1r_1(p_{id}-z_{id}^{k})+c_2r_2(p_{gd}-z_{id}^{k}) \tag{2-12}$$

$$z_{id}^{k}=z_{id}^{k}+v_{id}^{k+1} \tag{2-13}$$

其中，i=1，2，…，m；d=1，2，…，D；k 为迭代次数，r_1 和 r_2 为[0，1]之间的随机数。c_1 和 c_2 为学习因子或加速因子，其使粒子具有自我总结和向群体中优秀个体学习的能力，从而向自己的历史最优点以及群体内历史最优点靠近。第一项是惯性权重，起着权衡局部最优能力和全局最优能力的作用；第二项是“认知”部分，代表了粒子对自身的学习；第三项是“社会”部分，代表了粒子间的协作。

初始评价函数：

$$W(K)=(1-e^{-\beta})(M_p+E_{SS})+e^{-\beta}(t_s-t_r)$$

其中，M_p为最大超调量，上升时间 t_r，调整时间 t_s，稳态偏差 E_{ss}。K 为[k_p，k_t，k_d]。

第二阶段评价函数：

均方误差：$E=\sum_{i=1}^{T}(O_i-\hat{O}_i)^2$

2. 改进的智能粒子群算法

（1）自适应惯性权重系数算法。

式（2-13）中惯性权重 w 的选取：

$$w=\begin{cases} w_{min}+\dfrac{(w_{max}-w_{min})(f-f_{avg})}{f_{avg}-f_{min}}, & f\leqslant f_{avg} \\ w_{max}, & f>f_{avg} \end{cases} \tag{2-14}$$

其中，w_{min}和 w_{max}分别代表 w 的最小值和最大值，f 为粒子当前的目标函数值，f_{min}和 f_{avg}分别为所有粒子的最小和平均目标值。这种称为自适应惯性权重系数算法。

（2）衰减记忆惯性权重算法。

式（2-13）中惯性权重的可选取：

$$w=\begin{cases} w^k, & f_g^k\leqslant f_g^{k+1} \\ \alpha w^k, & f_g^k>f_g^{k+1} \end{cases} \tag{2-14′}$$

其中，$\alpha=e^{-\beta k}$，f_g^k 和 f_g^{k+1} 分别为第 k 次和第 k+1 次最佳群体位置对应的目标值。这种称为衰减记忆惯性权重算法。

（3）记忆学习因子算法。

式（2-13）中 r_i 可选取：

$$r_i=\begin{cases} r_i, & f_g^k \leqslant f_g^{k+1} \\ \dfrac{r_i+r_i^*}{2}, & f_g^k > f_g^{k+1} \end{cases};\ i=1,\ 2 \tag{2-15}$$

其中，f_g^k 和 f_g^{k+1} 分别为第 k 次和第 k+1 次最佳群体位置对应的目标值，r^*_i 为对应的第 k+1 次最佳群体位置对应 r_i 值，r_i 为［0，1］上的随机数。这种称为记忆学习因子算法。

3. 智能粒子群算法的迭代步骤

图 2-2 给出了智能粒子群算法的迭代步骤框架。

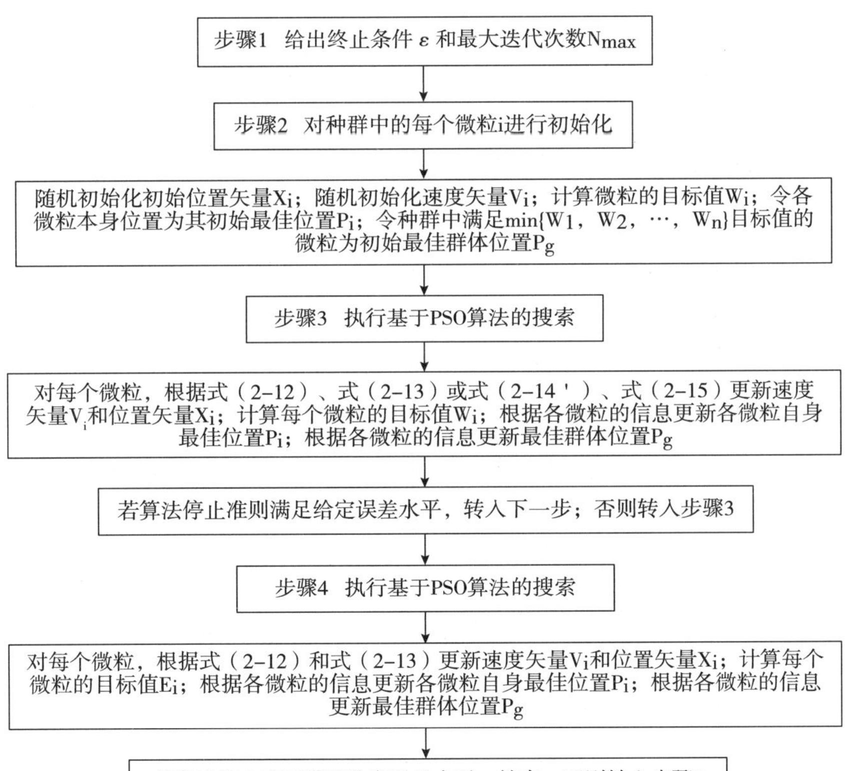

图 2-2 信息交易示意

二、信息交易概率的智能粒子群算法

这里采用自适应惯性权重系数及记忆学习因子算法相结合的改进智能单粒子群算法实现。目标函数为信息交易参数的极大似然估计函数如式（2-9）所示，信息交易概率参数估计及 PIN 的计算逻辑如图 2-3 所示。

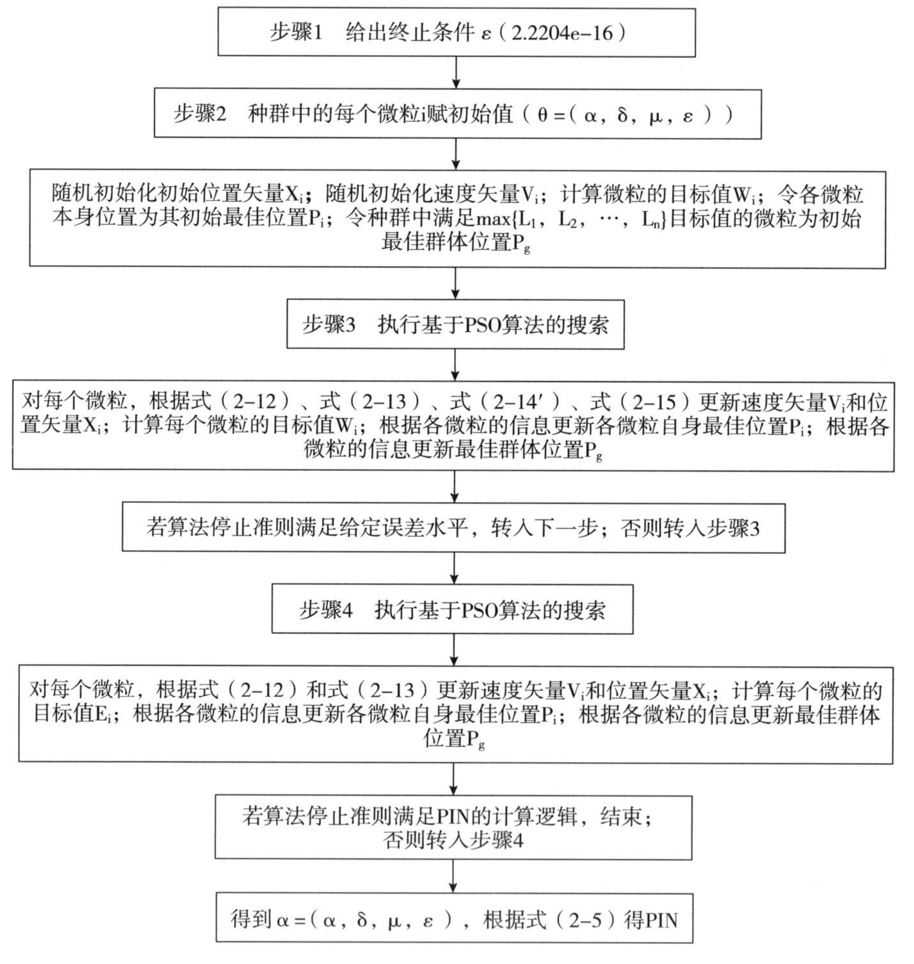

图 2-3　计算 PIN 的逻辑

三、信息交易概率的智能粒子群算法的部分 Matlab 代码实现

如创业板股票 300001 在 2013 年的每个交易日的日内数据 Excel 文件放在"D:\创业板\300001\"目录下("D:\创业板\300001\sz300001_成交明细_2013-01-04"),2013 年 1 月 4 日的交易明细的部分交易数据如表 2-1 所示,据此得到每个交易日的买卖盘数。采用 Matlab 编程实现。

表 2-1 sz300001_成交明细_2013-01-04 部分交易数据

成交时间	成交价	价格变动	成交量(手)	成交额(元)	性质
15:00:20	11.11	0.02	1005	1116555	买盘
14:56:53	11.09	-0.01	1	1109	卖盘
14:56:50	11.10	—	5	5550	买盘
14:56:41	11.10	0.04	13	14430	中性盘
14:56:29	11.06	-0.05	1	1106	卖盘
14:56:26	11.11	0.07	15	16665	买盘
14:56:14	11.04	-0.07	15	16560	卖盘
14:56:11	11.11	0.08	10	11110	买盘

采用 Matlab 程序实现上述功能,下面给出统计买卖盘的程序代码:

```
clear;clc;
Rec_num=0;%记录有效观测数;
filepath='D:\创业板\';   %文件夹名称;
fidrst=fopen('D:\PIN\2013.xls','w+');
fprintf(fidrst,'%s','股票代码');
fprintf(fidrst,'\t');
fprintf(fidrst,'%s','交易日期');
fprintf(fidrst,'\t');
fprintf(fidrst,'%s','买盘数');
```

```
fprintf(fidrst,'\t');
fprintf(fidrst,'%s','卖盘数');
fprintf(fidrst,'\t\n');
foldnames=dir(filepath);%文件夹名称 E:\股票交易明细数据\
forkk=3:length(foldnames)
    %待读入的文件夹路径
    filenames=dir([filepath,foldnames(kk).name]);%文件夹名称 D:\创
业板\300001 等%文件夹有文件夹
  %   fprintf(fidrst,'%s',foldnames(kk).name);%写入股票代码
for k=3:length(filenames)
    if (filenames(k).name(1 : 2)= ='sh') | (filenames(k).name(1 : 2)
      = ='sz')%
            %文件名必须是字符串
            newname=[filepath,foldnames(kk).
                    name,'\',filenames(k).name]
              [temp1,temp2,data]=xlsread(newname);%打开.xls 文件
            len=size(data,1);
            buy=0;
            sell=0;
            mid=0;
            for i=2:len
              tempVar=data{i,6};
        if(strcmp(tempVar,'买盘')= =1)
                buy=buy+1;
                continue;
              end
        if(strcmp(tempVar,'卖盘')= =1)
                sell=sell+1;
```

```
                continue;
              end
          if(strcmp(tempVar,'中性盘')= =1)
                mid=mid+1;
                continue;
              end
            end
            %写入文件
            fprintf(fidrst,'%s',foldnames(kk).name);%写入股票代码
            fprintf(fidrst,'\t');
            date=filenames(k).name(15:24);
            fprintf(fidrst,'%s',date);%日期
            fprintf(fidrst,'\t');
            fprintf(fidrst,'%d\t%d\n',[buy,sell]);
        end
      end
    end
    fclose('all');
```

参考文献

[1] A. Kyle. Continuous Auctions and Insider Trading [J]. Econometrica, 1985, 53 (6): 1315-1336.

[2] C. W. Holden, A. Subrahmanyam. Long-lived Private Information and Imperfect Competition [J]. The Journal of Finance, 1992, 47 (1): 247-270.

[3] D. Easley, M. Lopez de Prado, M. O'Hara. Flow Toxicity and Volatility in a High Frequency World [J]. Review of Financial Studies, 2012, 25 (5): 1457-1493.

[4] D. Easley, M. Lopez de Prado, M. O'Hara. The Exchange of Flow

Toxicity [J]. Journal of Trading, 2011b, 6 (2): 8-13.

[5] D. Easley, M. Lopez de Prado, M. O'Hara. The Microstructure of the Flash Crash: Flow Toxicity, Liquidity Crashes and the Probability of Informed Trading [J]. The Journal of Portfolio Management, 2011a, 37 (2): 118-128.

[6] D. Easley, N. Kiefer, M. O'Hara and J. Paperman. Liquidity, Information, and Infrequently Traded Stocks [J]. Journal of Finance, 1996, 51 (4): 1405-1436.

[7] D. Easley, N. Kiefer, M. O'Hara. The Information Content of the Trading Process [J]. Journal of Empirical Finance, 1997, 4 (2-3): 159-186.

[8] D. Easley, R. F. Engle, M. O'Hara, L. Wu. Time-varying Arrival Rates of Informed and Uninformed Traders [J]. Journal of Financial Econometrics, 2008, 6 (2): 171-207.

[9] D. Easley, S. Hvidkjaer and M. O'Hara. Is Information Risk a Determinant of Asset Returns? [J]. Journal of Finance, 2002, 57 (5): 2185-2221.

[10] F. Black. Noise [J]. The Journal of Finance, 1986, 41 (3): 529-543.

[11] F. D. Foster, S. Viswanathan. Strategic Trading When Agents Forecast the Forecasts of Others [J]. The Journal of Finance, 1996, 51 (4): 1437-1478.

[12] G. A. Akerlof. The Market for "Lemons": Quality Uncertainty and the Market Mechanism [J]. The Quarterly Journal of Economics, 1971, 84 (3): 488-500.

[13] G. J. Benston, R. L. Hagerman. Determinants of Bid-asked Spreads in the Over-the-counter Market [J]. Journal of Financial Economics, 1974, 1 (4): 353-364.

[14] J. B. De Long, A. Shleifer, L. H. Summers, R. J. Waldmann. Noise Trader Risk in Financial Markets [J]. Journal of Political Economy, 1990a, 98 (4): 703-738.

[15] J. Grammig, D. Schiereck, E. Theissen. Knowing Me, Knowing You:

Trader Anonymity and Informed Trading in Parallel Markets [J]. Journal of Financial Markets, 2001, 4 (4): 385-412.

[16] K. Back. Insider Trading in Continuous Time [J]. The Review of Financial Studies, 1992, 5 (3): 387-409.

[17] L. R. Glosten, P. R. Milgrom. Bid, Ask and Transaction Prices in a Specialist Market with Heterogeneously Informed Traders [J]. Journal of Financial Economics, 1985, 14 (1): 71-100.

[18] P. Brockman, D. Y. Chung. Informed and Uninformed Trading in an Electronic, Order Driven Environment [J]. Financial Review, 2000, 35 (2): 125-146.

[19] W. Bagehot. The Only Game in Town [J]. Financial Analysts Journal, 1971, 27 (2): 12-14.

[20] 江曙霞，郭晔，曾志钊，陈雨．市场微观结构：理论、实践与监管应用 [M]．北京：中国财政经济出版社，2006.

[21] 介婧，徐新黎．智能粒子群优化计算——控制方法、协同策略及优化应用 [M]．北京：科学出版社，2017.

[22] 许敏，刘善存．交易者市场到达率及影响因素研究[J].管理科学学报，2010 (13)：85-94.

[23] 赵西亮，邹海峰．知情交易概率能够测度信息风险吗？——以并购公告前后的信息效应为例[J].经济管理，2010 (9)：139-146.

[24] 郑振龙，杨伟．基于经典 PIN 模型的股票信息风险测度研究[J].管理科学，2010 (6)：91-99.

第二篇　信息交易对股票收益影响的实证研究

第三章 基于创业板的信息交易风险定价研究

在中国，创业板市场于2009年10月23日才开板，相关法规政策还不成熟。由于信息没有充分披露，投资者交易时会有较高的信息交易风险，甚至会出现内幕交易、操纵市场等行为，进而损害整个证券市场的公平和效率。因此，研究创业板市场信息交易风险对股价，即股票收益的影响有重要的现实意义。

近几年有关信息交易风险的研究不少，但是对于信息交易风险是否是股票超额收益的显著影响因素目前还没有一致定论。尤其在创业板市场，关于创业板市场信息交易对股票收益影响的研究少之又少。创业板市场风险较高，如果要求创业板市场交易价格形成公平、合理，就必须保证信息被充分披露和有效监管。由于创业板市场的特殊性，更有必要研究信息交易风险对股票收益的影响。本章旨在考察创业板市场信息交易概率与换手率之间的关系，进而分析信息风险（信息交易概率和换手率）与股票超额收益的实证检验，旨在说明信息交易风险对股票超额收益的影响。

第一节 相关研究文献回顾

Easley、Hvidkjaer和O'Hara（2002）在三因子模型的基础上将PIN值作为第四个因子加入回归，实证研究发现知情交易概率确实是股票超额收益的显著性影响因素，并且呈正相关关系。Easley、O'Hara（2004）通过构建多资产的理性预期均衡模型验证了信息风险是影响股票超额收益的重要因素，即信息风险越大，资产的超额收益越高。进行相关研究的还有Easley等

(2002)。他利用美国证券交易所的每日分笔数据验证得出在其他条件相同的情况下 PIN 值越大，股票的超额收益越高的结论。虽然不少学者在文献中通过实证研究证明 PIN 值与股票超额收益呈显著的正相关关系，如 Mohanram 和 Rajgopal（2006），Lu 和 Wong（2009），Li、Wang、Wu 和 He（2009）等，但也有学者认为 PIN 值与股票超额收益之间并无显著的相关关系。Kubota 和 Takehara（2009）利用 EKOP 模型对东京股票交易所上市的股票进行了实证检验，结果显示，虽然信息风险与股票超额收益呈正相关关系，但关系并不显著。

国内学者王春峰、董向征和房振明（2005）实证研究得出知情交易概率与股票流动性呈显著正相关关系的结论。周开国、何兴强、柴俊（2006）运用 EKOP 模型，利用信息交易概率度量 H 股的信息风险。研究结果表明，股票交易不仅不活跃反而有更大的价差，同时具有更大的知情交易概率，交易不活跃的股票之所以有更大的价差可能是由信息风险引起的，由此表明个股之间的价格差异在一定程度上可用股票所存在的信息风险来解释。

第二节　研究设计

本节主要运用描述性统计、方差分析检验和多元回归等数理分析方法，研究中国创业板市场知情交易概率对股票超额收益的影响，以此来研究信息交易对股票超额收益的影响。据此，实证研究主要包括两部分，第一部分是对创业板市场的信息风险进行实证研究，考察中国创业板市场信息风险与股票换手率之间的关系；第二部分以知情交易概率与换手率作为解释变量，股票超额收益为被解释变量进行回归，考察知情交易概率与换手率对创业板市场股票超额收益的影响。

一、假设提出

在研究前人文献的基础上，结合创业板市场股票交易的具体情况，关于创业板市场信息交易对股票超额收益的影响，提出以下两个假设：

假设 1：创业板市场股票的超额收益与知情交易概率呈正相关关系。

假设 2：创业板市场股票的超额收益与换手率呈负相关关系。

二、样本说明

选取 2013 年创业板市场股票作为研究样本，剔除了数据不全或大量缺失的股票，初步得到 250 只股票。由于某些数据的缺失，最终得到 176 只股票。按月进行分组，共选取了 12 个组的数据，每组包含 176 只股票。

通过新浪财经网等收集 2013 年创业板市场股票的日内分笔交易数据。其他研究的样本数据均来源于锐思数据库，如月换手率、日收益率、月收益率、日三因子、月三因子等。

三、变量选取及模型选择

1. 解释变量——信息交易风险

（1）信息交易概率。根据第一篇第二章中采用粒子群算法得到极大似然估计中所需参数 $\theta=(\alpha, \delta, \mu, \varepsilon)$ 的值，计算出每只股票每月的 PIN 值。

（2）换手率。股票的流动性是影响股票超额收益的重要因素，而且换手率是度量股票流动性的一个指标。股票的换手率越低，就说明该股票的流动性越差，进而流动性风险较高，投资者所要求的风险溢价就越高。利用月平均日换手率来衡量股票的流动性。

2. 被解释变量——股票超额收益

用对数收益度量，即 $\ln(p_t/p_{t-1})$，p_t 为某股票 t 月收盘价。

Fama 和 French（1992）构造的三因子分别为 RMRF、SMB、HML，其中 RMRF 代表市场溢价因子，SMB 代表公司规模（SIZE）因子，HML 代表账面市值比（BE/ME）因子。

计算每个样本股的三因子系数 β_i^M、β_i^S、β_i^H，回归模型如下：

$$r_{i,t}-r_{f,t}=\alpha_i^0+\beta_i^M RMRF_t+\beta_i^S SMB_t+\beta_i^H HML_t+\varepsilon_{i,t} \tag{3-1}$$

其中，$r_{i,t}-r_{f,t}$ 代表股票在第 t 月的超额收益率，$r_{i,t}$ 是股票 i 在第 t 月的收益率，$r_{f,t}$是第 t 月的无风险收益率，$\varepsilon_{i,t}$是回归残差项。

采用 Fama-French 三因子模型（3-1）用过去 24 个月的数据按月回归，得到股票 i 在该月市场溢价风险因子、规模风险因子和账面市值比风险因子的估计值 $\hat{\beta}_i^M$、$\hat{\beta}_i^S$ 和 $\hat{\beta}_i^H$。

股票 i 在该月超额收益由式（3-2）可得：

$$AR_{it}=r_{it}-(\hat{\beta}_{it}^M RMRF+\hat{\beta}_{it}^S HML+\hat{\beta}_{it}^H SMB) \tag{3-2}$$

其中，r_{it}为股票的月收益率，RMRF、HML、SMB 为 t 月三因子。

3. 模型选择

为研究创业板市场信息交易对股票超额收益的影响，以股票超额收益为被解释变量、PIN 值为解释变量、换手率为控制变量，构建二元回归模型（3-3）如下：

$$AR_{it}=\beta_t^C-\beta_t^{TURN}TURN_{it}+\beta_t^{PIN}PIN_{it}+\sigma_t \tag{3-3}$$

其中，AR 为股票 i 在 t 月的超额收益，TURN 为股票 i 在 t 月的日平均换手率，PIN 为股票 i 在 t 月知情交易概率。

采用横截面回归分析方法，具体步骤：对每月的数据依照模型（3-3）进行多元回归，再根据式（3-4）可得各回归系数估计值和 t 值。

$$\begin{cases}\bar{\beta}=\dfrac{1}{T}\sum_t\hat{\beta}_t\\ Var(\beta)=\sum_t\dfrac{1}{T-1}(\hat{\beta}_t-\bar{\beta})^2\\ t_\beta=\dfrac{\bar{\beta}}{\sqrt{Var(\beta)/T}}\end{cases} \tag{3-4}$$

如果 β 为正且 t_β 统计显著，说明存在正相关关系；如果 β 为负且 t_β 统计显著，说明具有负相关关系；如果 t_β 统计值不显著，表示不存在明显相关关系。

第三节　实证分析

一、描述性统计

1. AR 描述性统计分析

用股票超额收益 AR 的计算方法式（3-2）和式（3-3）（用 Matlab 程序实现，程序样例见附录 A）得出个股的月超额收益。对选取的 176 只股票的月超额收益进行了描述性统计分析，分别求得每个月的均值、中值、最值、标准差、偏度及峰度，如表 3 1 所示。

表 3-1　AR 的描述性统计指标

月份	均值	中值	最小值	最大值	标准差	偏度	峰度
1 月	-0.026	-0.038	-0.26	0.42	0.105	0.922	1.813
2 月	0.018	-0.002	-0.33	0.34	0.094	0.710	1.997
3 月	-0.012	-0.031	-0.22	0.34	0.100	0.910	1.088
4 月	0.034	0.021	-0.21	0.67	0.116	1.226	4.309
5 月	-0.070	-0.079	-0.57	0.64	0.173	0.377	1.382
6 月	0.021	0.005	-0.20	0.46	0.109	0.775	1.266
7 月	0.049	0.027	-0.42	1.21	0.192	1.515	6.840
8 月	-0.040	-0.055	-0.32	0.53	0.115	0.758	2.445
9 月	0.022	-0.008	-0.35	0.94	0.148	2.469	10.768
10 月	0.0003	-0.008	-0.40	0.61	0.150	0.761	2.982
11 月	0.040	0.026	-0.39	1.21	0.173	1.974	11.473
12 月	-0.009	-0.027	-0.22	0.78	0.130	1.841	7.898

纵向来看，各月创业板市场股票超额收益均值相差不大。在最值方面，最小值没有显著差异，7 月和 11 月有相同的最大值，均为 1.21，同时也是 12 个月中最大的。各月的标准差均小于 0.2，说明各个股票的超额收益比较集

中。从各月的峰度来看，7月、9月、11月及12月的峰值比较大，说明这几个月的股票超额收益波动幅度较大。

横向来看，1月的均值为-0.026，最小值为-0.26，最大值为0.42，并没有体现股票市场中的“一月效应”。4月、7月及11月的均值分别为0.034、0.049、0.040，最大值分别为0.67、1.21、1.21，在一年中均是比较大的，有着明显的季节性。

2. PIN与换手率

利用换手率衡量股票的流动性，并根据换手率将样本股票分为大、小两组，考察换手率分组结果与PIN值之间的关系。分组结果如表3-2所示。

表3-2　换手率分组结果

月份	换手率	均值	中值	最大值	最小值	标准差	偏度	峰度
1月	高	0.185	0.189	0.65	0.00	0.105	2.447	0.794
	低	0.179	0.192	0.33	0.00	0.104	-1.322	-0.207
2月	高	0.169	0.168	0.33	0.00	0.095	0.011	-1.151
	低	0.179	0.182	0.33	0.01	0.105	-0.025	-1.323
3月	高	0.189	0.202	0.33	0.01	0.092	-0.179	-1.211
	低	0.181	0.193	0.33	0.00	0.096	-0.321	-1.009
4月	高	0.175	0.179	0.33	0.00	0.100	-1.241	-0.076
	低	0.190	0.187	0.33	0.01	0.095	-1.175	-0.270
5月	高	0.202	0.223	0.33	0.00	0.091	-0.579	-0.692
	低	0.194	0.204	0.32	0.01	0.098	-0.452	-1.092
6月	高	0.179	0.185	0.33	0.00	0.095	-0.154	-1.116
	低	0.184	0.178	0.33	0.00	0.086	-0.208	-0.832
7月	高	0.194	0.206	0.33	0.00	0.097	-0.435	-1.071
	低	0.177	0.192	0.33	0.00	0.096	-0.068	1.267
8月	高	0.175	0.193	0.33	0.01	0.100	-0.199	-1.281
	低	0.197	0.214	0.33	0.01	0.092	-0.424	-0.802
9月	高	0.183	0.186	0.33	0.01	0.087	-0.118	-1.009
	低	0.189	0.195	0.33	0.00	0.098	-0.303	-1.178

续表

月份	换手率	均值	中值	最大值	最小值	标准差	偏度	峰度
10 月	高	0.187	0.198	0.33	0.01	0.091	−0.257	−1.052
	低	0.177	0.168	0.33	0.00	0.101	−0.033	−1.315
11 月	高	0.198	0.207	0.33	0.00	0.097	−0.277	−1.063
	低	0.202	0.197	0.33	0.00	0.090	−0.339	−0.836
12 月	高	0.188	0.198	0.33	0.00	0.100	−0.393	−0.990
	低	0.193	0.196	0.33	0.00	0.088	−0.461	−0.880

注：表中均值、最值等数据均为换手率对应分组的 PIN 值统计数据。

从表 3-2 中可看出：换手率与信息风险之间并没有显著的相关关系，除了 1 月、3 月、5 月、7 月，其他月份低换手率股票对应的 PIN 均值、中位数均大于高换手率的股票。这可能是因为，创业板市场投资者投机行为较重，散户投资者缺乏理性投资意识，为了追求利润盲目投资一些流动性较差的股票，进而导致上述结果。

另外，虽然换手率和 PIN 值能衡量流动性风险和信息风险，但并不能完全代表流动性和信息风险。

二、方差分析检验

运用方差分析检验进一步进行研究，结果如表 3-3 所示。这里只给出 1 月的结果，其他月份的方差分析检验类似。

表 3-3　1 月换手率分组方差分析结果

	平方和	df	均方	F	P 值
组间	0.017	1	0.017	1.563	0.213
组内	1.993	180	0.011		
总数	2.010	181			
	Levene 统计量	自由度 1	自由度 2	Sig.	
	0.008	1	180	0.928	

从表 3-3 中可以看出，Levene 方差齐性检验统计量的值为 0. 008，Sig. = 0. 928>0. 05，所以两个组的方差满足方差齐性的条件。换手率（TURN）效应的 F 值为 1. 563，P 值为 0. 213>0. 05，接受“零假设”，说明 1 月换手率对 PIN 值的影响是不显著的。

三、回归分析

以创业板市场 176 只股票作为样本，对模型（3-3）分别进行 12 个月的回归，回归结果如表 3-4 所示。

表 3-4　12 个月的模型回归统计

月份	变量	预期符号	系数	T 值	P（F-Statistic）
1 月	截距	NA	-0. 022	-1. 163	0. 0906**
	换手率	-	-0. 020	-1. 817**	
	PIN	+	0. 094	1. 274*	
2 月	截距	NA	-0. 021	-1. 260	0. 0011***
	换手率	-	0. 061	3. 763***	
	PIN	+	0. 011	1. 139*	
3 月	截距	NA	0. 049	2. 596***	0. 0015***
	换手率	-	-0. 042	-2. 898***	
	PIN	+	-0. 150	-1. 939**	
4 月	截距	NA	-0. 031	-1. 387	0. 0000***
	换手率	-	0. 147	5. 444***	
	PIN	+	-0. 015	-1. 176*	
5 月	截距	NA	-0. 124	-3. 591***	0. 0436***
	换手率	-	0. 042	2. 495***	
	PIN	+	0. 051	0. 375	
6 月	截距	NA	-0. 037	-2. 009***	0. 0000***
	换手率	-	0. 060	5. 241***	
	PIN	+	0. 069	1. 210*	
7 月	截距	NA	-0. 013	-0. 396	0. 0033***
	换手率	-	0. 048	3. 419***	
	PIN	+	0. 030	1. 210*	

续表

月份	变量	预期符号	系数	T值	P（F-Statistic）
8月	截距	NA	-0.091	-4.035***	0.0331***
	换手率	-	0.025	2.321***	
	PIN	+	0.124	1.408**	
9月	截距	NA	-0.063	-2.249***	0.0001***
	换手率	-	0.091	4.263***	
	PIN	+	0.129	1.110*	
10月	截距	NA	-0.064	-2.495***	0.0000***
	换手率	-	0.090	5.128***	
	PIN	+	-0.031	-0.283	
11月	截距	NA	-0.008	0.255	0.0000***
	换手率	-	0.072	6.150***	
	PIN	+	-0.095	-1.540**	
12月	截距	NA	-0.027	-1.079	0.6969
	换手率	-	0.001	0.101	
	PIN	+	0.090	0.847	
横截面	截距		-0.038	-2.964	
	换手率		0.048	3.189	
	PIN		0.026	1.025	

注：*、**、***分别表明t值显著性水平达到0.15、0.1和0.05。

从表3-4中可发现：

（1）从整个模型的总体线性显著性检验来看，除了12月，在10%的显著性水平下，各个月份方程的线性关系显著成立，说明换手率与PIN值整体对股票超额收益的解释能力较强。

（2）从变量的偏回归系数来看，各自变量的系数值与前文的假设不完全一致。对于换手率，除了1月和3月，换手率的偏回归系数均为正数，即创业板市场股票的超额收益与换手率呈负相关关系，与假设2不一致，这也与Chordia、Subrahmanyam和Anshuman（2001）提出的换手率与收益率负相关的结论不一致。

（3）对于 PIN 值，只有 1 月、2 月、5 月、6 月、7 月、8 月、9 月及 12 月 PIN 的偏回归系数为正数，即创业板市场股票的超额收益与知情交易概率呈正相关关系，与假设 1 一致。但是 3 月、4 月、10 月及 11 月未能验证假设 1。

（4）从变量的显著性水平来看，各变量的显著性水平不相同。对于换手率，除了 12 月，在 10%的显著性水平下，各个月份创业板市场股票的换手率对超额收益的影响是显著的。对于 PIN 值，除了 5 月、10 月及 12 月，在 15%的显著性水平下，各个月份方程回归结果通过了 PIN 值的显著性检验。

表 3-4 的回归结果显示，在 15%的显著性水平下不能通过变量检验及方程总体检验的是 5 月、10 月及 12 月，将不能通过检验的月份舍去，将剩下 9 个月的换手率的 β 值求平均数得到的值为 0. 049，将剩下 9 个月的 PIN 值求平均数得到的值为 0. 458，可以得到假设 1 成立，假设 2 不成立。

第四节　本章结论及解释

一、本章结论

本章选取了 2013 年创业板市场的 176 只股票，着重研究了创业板市场信息交易对股票超额收益的影响。在实证研究中，本书首先进行了信息风险与换手率关系的研究，接着对所取样本股票的超额收益进行了描述性统计分析，最后以 PIN 值、换手率为解释变量，股票超额收益为被解释变量，构建二元回归模型，考察创业板市场信息交易对股票超额收益的影响。

在对信息风险与换手率关系研究中，本书以换手率为指标将 176 只股票分为大小两组，考察不同换手率股票的信息风险的差别，研究发现换手率与信息风险之间并没有显著的相关关系，而且除了 1 月、3 月、5 月、7 月，其他月份低换手率股票对应的 PIN 均值、中位数均大于高换手率的股票。

在对股票的超额收益进行描述性统计分析中，本书发现各个月创业板市场股票超额收益均值相差不大，而且 1 月的均值为-0. 026，最小值为-0. 26，最大值为0.42，并没有体现股票市场中的“一月效应”。7月和11月有相同的最大值，均为1.21，同时也是12个月中最大的，均值分别为0.049、0.040，且峰值较大，说明这两个月的股票超额收益波动幅度较大。

在对股票超额收益进行回归统计中，在15%的显著性水平下不能通过变量检验及方程总体检验的是5月、10月及12月，剔除这3个月，得到剩下9个月换手率前系数平均值为0.049，PIN变量前系数平均值为0.458，假设1成立，假设2不成立。

另外，由于在进行信息风险与换手率关系研究中得出换手率与信息风险之间并没有显著相关关系的结论，可以看出PIN度量的信息风险是以一种系统性风险因子影响股票超额收益，而不是作为换手率度量的流动性风险的代理来影响股票超额收益。PIN值是否是其他信息风险间接变量的代理需要进一步研究。

二、原因探究

对信息风险与换手率关系的研究结果与王春峰、董向征和房振明（2005）的实证研究结果不一致。这可能是因为，创业板市场投资者投机行为较重，散户投资者缺乏理性投资意识，为追求利润盲目投资一些流动性较差的股票而导致的。另外，虽然换手率和PIN值能衡量流动性风险和信息风险，但并不能完全代表流动性和信息风险。

从创业板市场2013年股票月超额收益的实证分析可以发现，收益波动并没有明显的规律，没有出现“一月效应”。这可能是因为创业板市场是2009年10月23日才开板的，很多制度还不完善，投资者投机行为较重，同时样本只选取2013年的数据，数据量偏小。

对创业板市场超额收益进行回归统计分析，结果发现假设1成立，假设2不成立，即创业板市场股票超额收益与知情交易概率、换手率均呈正相关关系。对于假设1，创业板市场股票的知情交易概率对超额收益有正面的影响。知情交易概率是某一次交易中知情交易者所占的比重，用其代表信息风险，信息风险越高，所要求的股票收益越高，这与本书的研究结果一致。对于假设 2，本书研究得出股票超额收益与换手率呈正相关关系，与 Chordia、Subrahmanyam 和 Anshuman（2001）提出的换手率与收益率负相关的结论不一致。究其原因，首先从市场环境来看，中国创业板市场还不成熟，相关法规政策还不完善，导致投资者急功近利、盲目投资；其次从投资者主体来看，中国证券市场散户投资者缺乏理性投资意识，容易受庄家操纵，为了追求利润盲目投资一些流动性较差的股票，从而导致上述结论。

最后从数据处理来看，选取创业板市场 2013 年 176 只股票一年的月交易数据，样本数据不够多，缺乏说服力；换手率虽然能够在一定程度上衡量股票的流动性，但是两者之间并不是绝对一致的。

参考文献

[1] Bagehot W.. The Only Game in Town [J]. Financial Analysts Journal, 1971, 27: 12-14.

[2] Benston G. J., R. L. Hagerman. Determinants of Bid-ask Spreads in the Over-the-counter Market [J]. Journal of Financial Economics, 1974, 1: 353-364.

[3] Copeland T., D. Galai. Information Effects on the Bid-ask Spread [J]. Journal of Finance, 1983, 38: 1457-1469.

[4] Coller M., T. L. Yohn. Management Forecasts and Information Asymmetry: An Examination of Bid-ask Spreads [J]. Journal of Accounting Research, 1997, 35: 181-191.

[5] Easley D., Kiefer N., O'Hara M.. Paperman J. Liquidity, Information, and Infrequently Traded Stocks [J]. Journal of Finance, 1996, 51: 1405-1436.

[6] Easley D. S. Hvidkiaer, M. O'Hara. Is Information Risk a Determinant of Asset Returns [J]. The Journal of Finance, 2002, 57: 2185-2221.

[7] Easley D., M. O'Hara. Information and the Cost of Capital [J]. The Journal of Finance, 2004, 59: 1553-1583.

[8] Easley David, López de Prado, Marcos M.. Flow Toxicity and Liquidity in a High-frequency World [J]. The Review of Financial Studies, 2012, 25 (5):

1457-1493.

[9] Fama E. F. , K. R. French. The Cross-section of Expected Stock Returns [J]. The Journal of Finance, 1992, 47: 427-465.

[10] Glosten L. , P. Milgrom. Bid, Ask and Transaction Prices in a Specialist Market with Heterogeneously Informed Traders [J]. Journal of Financial Economics, 1985, 14: 71-100.

[11] Kubota K. , H. Takehara. Information Based Trade, the PIN Variable, and Portfolio Style Differences: Evidence from Tokyo Stock Exchange Firms [J]. Pacific-Basin Finance Journal, 2009, 17 (3): 319-337.

[12] Li H. T. , J. B. Wang, C. C. Wu, Y. He. Are Liquidity and Information Risks Priced in Treasury Bond Market [J]. Journal of Finance, 2009, 64 (1): 467-503.

[13] Lu Y. C. , W. K. Wong. Probability of Information-based Trading as a Pricing Factor in Taiwan Stock Market [J]. SSRN Electronic Journal, 2009, 33: 111-113.

[14] Mohanram P. , S. Rajgopal. Is Information Risk (PIN) Priced [R]. Working Paper, Columbia Business School, 2006.

[15] Nyholm K. Estimating the Probability of Informed Trading [J]. The Journal of Financial Research, 2002 (25): 485-505.

[16] Sarin A. , K. A. Shastri. Ownership Structure and Stock Market Liquidity [R]. Unpublished Paper, University of Pittsburgh, 2000.

[17] Stoll H. The Supply of Dealer Services in Securities Markets [J]. Journal of Finance, 1978 (33): 1133-1151.

[18] Stoll H. R. . Inferring the Components of the Bid-ask Spread: Theory and Empirical Tests [J]. Journal of Finance, 1989 (44): 115-134.

[19] 胡尧盛. 风险投资对知情交易的影响：基于我国创业板股票[D]. 江西财经大学硕士学位论文，2013.

[20] 王春峰，董向征，房振明. 信息交易概率与中国股市价格行为关系

的研究[J]. 系统工程，2005（2）：62-67.

[21] 杨之曙，王松瑶．沪市买卖价差和信息性交易实证研究[J]. 金融研究，2004（4）：45-56.

[22] 张铮，刘力．换手率与股票收益：流动性溢价还是投机性泡沫？[J]. 经济学季刊，2006（3）：871-892.

[23] 周开国，何兴强，柴俊．股票交易活跃性、流动性与基于信息的交易[J]. 财经问题研究，2006（8）：50-59.

[24] 朱琳．中国股市换手率与流动性风险的关系研究[D]. 济南：山东大学硕士学位论文，2011.

第四章　基于沪深 300 成份股的信息交易风险定价研究

第三章对创业板信息交易概率对股票超额收益的影响进行了实证检验，发现基本验证了本书的假设。在控制了其他影响股票定价的稳健性因子后，信息交易概率的定价影响如何，需要进一步验证。

本章将分析以中国股票市场沪深 300 指数为样本，样本期间扩为 2011～2013 年，同时给出信息熵和 Kullback-Leiber 距离两个指标度量信息量及信息变化量，这里用股票收益代替股票超额收益，同时加入控制变量公司规模及账面市值比，进一步研究信息交易风险对股票收益的影响。

第一节　相关研究文献及理论综述

Easley、Hvidkjaer 和 O'Hara（2002）在三因子模型的基础上将 PIN 值作为第四个因子加入回归，研究了信息交易风险与股票收益之间的关系，得出信息交易风险与股票收益呈正相关关系。Easley、Ophara（2004）通过构建多资产的理性预期均衡模型验证了信息风险是影响股票超额收益的重要因素，即信息风险越大，资产的超额收益越高。虽然不少学者在文献中通过实证研究认可 PIN 值与股票超额收益呈显著的正相关关系［如 Mohanram 和 Rajgopal（2009）；Lu 和 Wong（2009）；Li、Wang、Wu 和 He（2010）］。但也有学者认为 PIN 值与股票超额收益之间并无显著的相关关系，Kubota 和 Takehara（2009）利用 EKOP 模型对东京股票交易所上市的股票进行实证检验，结果显示，虽然信息风险与股票超额收益呈正相关关系，但关系并不显著。

国内的刘善存、李朋（2005）采用上证 50 指数，利用 EKOP 模型度量了成分股的信息交易概率，并利用三因素模型进行实证，结果认为我国的股市存在着信息风险溢价。周开国、何兴强、柴俊（2006）以 H 股作为研究样本，研究了股票流动性、交易活跃程度和信息交易风险之间的关系，发现交易不活跃的股票买卖价差越大，交易越活跃的股票信息交易风险也会比较大。韩立岩、郑君彦、李东辉（2008）在 EKOP 模型的基础上运用 2004 年沪市的股票数据计算股市的信息交易概率，结果显示信息交易概率对股票的定价有一定的解释力，但与股票的收益之间呈负相关关系，而此结果与国外文献的实证结果相反，笔者认为在中国股市中存在着庄家与散户博弈的模式是出现此实证结果的原因。

前人研究样本量及时间跨度较小，本书扩大样本，试图深入探讨信息交易风险在股票定价中的作用。

第二节　研究设计

一、假设提出

信息交易者与非信息交易者拥有的信息是不对等的，信息交易者利用私有信息进行的交易占所有的交易比例越大，信息交易风险也越大，投资者所要求的风险补偿也越高，因而股票的收益率会越大。Easley、Hvidkjaer 和 O'Hara（2002）（EHOH）研究信息交易风险与股票收益之间的关系，得出信息交易风险与股票收益呈正相关关系。因而提出假设如下：

假设：信息交易风险对股票收益的影响为正效应，即信息交易风险越大，股票收益越大。

二、样本说明

本章选取 2011~2013 年沪深 300 指数成分股作为样本数据进行研究，通过新浪财经网和迅雷文件下载，取得股票日内数据。选取的研究时间段为 2011 年 1 月至 2013 年 12 月，平均每只股票日内数据项大概为 2000 条，通过

Matlab 软件统计出每只股票每天的买卖盘数，然后用 PIN 的计算理论及粒子群算法通过 Matlab 程序实现并得到其度量值。由于沪深 300 成分股中有部分股票会在某月停盘从而无法获得该月的收益率，因此将此股票删除，最后取得样本股票数据 404 只，样本期间，样本股中没有创业板股票。

三、变量选取

1. 解释变量

（1）信息交易概率。根据第一篇第二章中采用粒子群算法得到极大似然估计中所需参数 $\theta=(\alpha,\ \delta,\ \mu,\ \varepsilon)$的值，用式（2-5）计算出每只股票每月的 PIN 值。

（2）信息熵。如果一个事件发生的概率是 $p(x)$，则其信息熵为$-p(x)\ln(p(x))$。如果事件发生的概率是 1，则其信息熵 Entropy=0，即没有任何有价值的信息。定义信息交易概率的信息熵为：

$$\text{Entropy}=-\text{PIN}\times\ln(\text{PIN}) \tag{4-1}$$

（3）Kullback-Leiber 距离。可用 Kullback-Leiber 距离测度来判别两个概率分布接近的程度。下面给出两个概率分布的 Kullback-Leiber 距离测度的定义。

定义设 $p(x)$和 $\hat{p}(x)$为两个概率密度函数，用来确定 $\hat{p}(x)$接近 $p(x)$的程度的。$\hat{p}(x)$关于 $p(x)$的 Kullback-Leiber 概率距离测度定义为：

$$I(p,\ \hat{p})=\int_{-\infty}^{+\infty}p(x)\ln\left(\frac{p(x)}{\hat{p}(x)}\right)dx$$

如果 $p(x)$、$\hat{p}(x)$为概率点分布函数(Probability Mass Fanction)，则：

$$I(p,\ \hat{p})=\sum_{x}p(x)\ln\left(\frac{p(x)}{\hat{p}(x)}\right)$$

注意到 Kullback-Leiber 概率距离测度是非对称的，即 $I(p,\ \hat{p})\neq I(\hat{p},\ p)$。

该变量可用来度量信息量的差，则信息交易概率的 Kullback-Leiber 距离：

$$\text{Kull\_Lei}=\text{PIN}_t\ln\left(\frac{\text{PIN}_{it}}{\text{PIN}_{i,t+1}}\right)+(1-\text{PIN}_t)\ \ln\left(\frac{1\ \ \text{PIN}_{it}}{1-\text{PIN}_{i,t+1}}\right) \tag{4-2}$$

2. 股票收益

用对数收益度量，即 $\ln(p_t/p_{t-1})$，p_t 为某只股票 t 月的收盘价。

3. 控制变量

以规模 SIZE、账面市值比 BM 为控制变量，来进一步研究信息交易对股票收益的影响。

四、模型选择

1. 风险因子

Fama 和 French（1993）构造的三因子分别为 RMRF、SMB、HML，其中 RMRF 代表市场溢价因子，SMB 代表公司规模（SIZE）因子，HML 代表账面市值比（BE/ME）因子。

计算每个样本股的三因子系数 β_i^M、β_i^S、β_i^H，回归模型如下：

$$r_{i,t}-r_{f,t}=\alpha_i^0+\beta_i^M RMRF_t+\beta_i^S SMB_t+\beta_i^H HML_t+\varepsilon_{i,t} \tag{4-3}$$

其中，$r_{i,t}-r_{f,t}$代表股票在 t 日的超额收益率，$r_{i,t}$是股票 i 在第 t 日的收益率，$r_{f,t}$是第 t 日的无风险收益率，$\varepsilon_{i,t}$是回归残差项。

采用 Fama-French 三因子模型（4-3）用日数据按月回归，得到市场溢价风险因子 β_i^M，规模风险因子 β_i^S，账面市值比风险因子 β_i^H。

2. 信息交易风险模型

信息交易风险用 PIN 表示。建立信息交易风险定价模型：

$$r_{i,t}=\beta_i^0+\gamma_{it}^M\beta_{it}^M+\gamma_{it}^S\beta_{it}^S+\gamma_{it}^H\beta_{it}^H+\gamma_{it}^P PIN_{it}+\gamma_{it}^{size}\log(SIZE_{it})+\gamma_{it}^{BM}BM_{it}+\sigma_{i,t} \tag{4-4}$$

方程的自变量有六个，即市场溢值风险因子 β_i^M，规模风险因子 β_i^S，账面市值比风险因子 β_i^H 和信息交易风险 PIN_{it}，规模和账面市值比为两个控制变量。

本节采用分别按月和整体面板数据两种方法进行回归，分别得出每月的短期结果和三年的较长期结果。其中 PIN 依次可用月平均日换手率（TURN）、信息熵（ENTROPY）及 Kullback-Leiber 距离（Kull_Lei）分别替换进行回归分析。

第三节　OLS 回归分析

一、描述性统计

根据股票的日内数据，利用 Matlab 软件计算出每只股票每日的买盘数和卖盘数，对 L（θ/B，S）进行极大似然估计，每只股票每个月得出四个参数：（a，d，ε，μ），其中（a，d）是有关日内信息结构参数，而变量（ε，μ）是有关交易者类型参数。

根据 PIN 极大似然估计的方法，利用 Matlab 程序计算出 404 只股票在 2011 年 1 月至 2013 年 12 月每天的买卖盘数估算出每只股票每月的 θ=(a，d，ε，μ)值。根据 $PIN=\frac{a\mu}{a\mu+2\varepsilon}$ 及估算出来的 θ=(a，d，ε，μ)值，计算出股票的每月 PIN 值，进而得到信息熵及 Kullback-Leiber 距离。用模型(4-3)对样本期间股票按月回归得到市场、市值和账面市值比三个因子的风险系数 β_i^M、β_i^S 和 β_i^H，只保留交易天数至少有 9 天的月份观测值，共计 9624 条有效观测值。进行描述性统计，如表 4-1 所示。

表 4-1　描述性统计

	R	β_i^M	β_i^S	β_i^H	SIZE	BM	PIN	TURN	ENTROPY	Kull_Lei
均值	-0.003	1.141	-0.042	-0.155	426.165	0.484	0.189	1.143	0.124	0.038
中位数	-0.010	1.120	-0.100	-0.014	169.870	0.433	0.201	0.741	0.140	0.014
最大值	2.369	3.977	7.482	11.859	19221.130	2.941	0.739	30.929	0.160	0.956
最小值	-0.377	-3.137	-7.099	-20.012	9.335	0.009	0.000	0.006	0.000	0.000
标准差	0.110	0.550	1.173	1.642	1259.525	0.300	0.097	1.575	0.039	0.066
偏度	1.711	0.102	0.444	-0.503	9.009	1.106	-0.236	6.872	-1.277	4.148
峰度	27.558	5.136	5.960	7.919	97.808	4.840	2.083	78.610	3.703	29.673

从表 4-1 中看出，样本期间 PIN 最小为 0，最大为 0.739，均值为 0.189。样本为沪深 300 成分股，机构投资者占比 10%~20%，比较符合中国股票市场实际情况。流通市值相差比较大，最大值为 19221.130 亿元，最小值为 9.335

亿元，样本股中没有创业板股票。同时，发现数据具有很大的偏度和峰度。

二、OLS 回归结果

用全样本，采用信息交易概率、换手率、信息熵及 Kullback-Leiber 距离分别作为信息交易风险的度量指标，根据式（4-4）对全样本进行 OLS 回归，回归结果如表 4-2 所示。

表 4-2　OLS 回归结果

变量	被解释变量：r			
	(1)	(2)	(3)	(4)
β^M	-0.009*** (0.002)	0.0001 (0.002)	0.0001 (0.002)	0.0001 (0.002)
β^S	0.003** (0.001)	0.006*** (0.001)	0.006*** (0.001)	0.006*** (0.001)
β^H	0.0002 (0.001)	0.0002 (0.001)	0.0002 (0.001)	0.0002 (0.001)
BM	0.012*** (0.004)	-0.0001 (0.004)	-0.0001 (0.004)	-0.0002 (0.004)
log（SIZE）	0.015*** (0.001)	0.007*** (0.001)	0.007*** (0.001)	0.007*** (0.001)
TURN	0.018*** (0.001)			
PIN		-0.002 (0.012)		
ENTROPY			-0.016 (0.029)	
Kull_Lei				0.004 (0.017)
常数	-0.097*** (0.007)	-0.038*** (0.007)	-0.036*** (0.008)	-0.039*** (0.007)
观测值	9，623	9，623	9，623	9，623
R^2	0.064	0.006	0.006	0.006
F-值 ic（df=6；9616）	108.773***	10.195***	10.240***	10.199***

注：*表示 $p<0.1$；**表示 $p<0.05$；***表示 $p<0.01$。

从表4-2中可以看出：

(1) 换手率对股票收益的影响为显著正的影响，换手率为信息指标的代理变量解释得到验证，这与Datar等（1998）实证研究结果一致。信息交易概率和信息熵的影响为负的不显著，而信息变化的影响为正的不显著。与韩立岩、郑君彦、李东辉（2008）研究结果一致，即在我国A股票市场上，信息交易概率作为定价因子具有负向的解释力，但不显著。信息变化增加，股票收益增加，如果市场利好信息增加，股票正收益增加；反之亦然。

(2) 账面市值比风险因子对股票收益没有显著的影响，系数为正。市值规模风险因子对股票收益影响为显著正的。仅考虑换手率时，市场风险对股票收益影响为显著负的，其他指标的影响为正的，但不显著。

(3) 账面市值比因素对股票收益仅在加换手率时，显著为负的，其他为正的不显著影响；公司规模对股票收益影响为正的显著，这时不存在“小公司效应”。

三、横截面回归分析

全样本数据混合OLS估计模型，对于不同个体或横截面来说，估计值相同。进一步分析不同横截面估计值的差异，考虑横截面回归分析。采用Fama和MacBeth（1973）的方法，对全样本采用信息交易概率等作为信息交易风险的度量指标，根据式（4-4）按月对数据进行回归。这里只给出换手率TURN和信息交易概率PIN的结果。信息熵ENTROPY及Kullback-Leiber距离Kull_Lei是由信息交易概率计算得到的，影响结果是混合的，这里将不再赘述，回归结果如附录B所示。

1. 换手率对股票收益的影响

用全样本，采用换手率TURN作为信息交易风险的度量指标，根据式(4-4)按月对数据进行回归。回归结果如表4-3所示。

从表4-3中可发现，样本期间，在控制了规模、账面价值与市场等因素后：

表 4-3　换手率回归结果

月份①	样本	常数	γ^{M}	γ^{S}	γ^{H}	γ^{SIZE}	γ^{MB}	γ^{Turn}	R^2	Adj_R^2
20111	259	-0.152	-0.008	0.012	0.018	0.131	0.015	0.006	0.354	0.339
		0.000	0.568	0.030	0.003	0.000	0.004	0.029		
20112	257	0.074	0.018	-0.005	-0.004	-0.064	-0.005	0.008	0.179	0.159
		0.013	0.015	0.109	0.156	0.005	0.321	0.000		
20113	257	-0.143	0.000	-0.003	0.014	0.031	0.018	0.012	0.166	0.146
		0.000	0.989	0.594	0.001	0.310	0.002	0.002		
20114	259	-0.093	-0.022	0.003	-0.003	0.119	0.009	0.008	0.151	0.130
		0.004	0.009	0.568	0.228	0.000	0.079	0.030		
20115	262	-0.103	-0.052	-0.007	0.004	-0.030	0.016	0.015	0.212	0.193
		0.000	0.000	0.269	0.051	0.100	0.000	0.000		
20116	262	0.037	-0.007	-0.007	0.005	-0.104	0.004	0.017	0.176	0.157
		0.220	0.506	0.144	0.048	0.000	0.313	0.000		
20117	263	0.130	-0.058	-0.028	-0.007	-0.126	-0.006	0.007	0.300	0.283
		0.000	0.000	0.000	0.094	0.000	0.207	0.012		
20118	265	-0.039	-0.052	-0.022	-0.030	0.186	-0.007	0.021	0.530	0.520
		0.227	0.000	0.000	0.000	0.000	0.155	0.000		
20119	267	-0.136	-0.050	-0.024	0.024	-0.001	0.013	0.016	0.290	0.274
		0.000	0.000	0.000	0.000	0.972	0.002	0.000		
201110	267	0.076	-0.020	-0.001	0.016	0.021	-0.003	-0.003	0.185	0.166
		0.007	0.051	0.762	0.000	0.242	0.455	0.231		
201111	267	0.037	-0.081	-0.011	-0.013	-0.067	0.002	0.004	0.353	0.339
		0.182	0.000	0.002	0.000	0.000	0.625	0.306		
201112	269	-0.194	-0.024	-0.014	0.003	0.044	0.021	-0.005	0.127	0.107
		0.000	0.089	0.117	0.619	0.069	0.001	0.251		
20121	288	-0.224	0.089	-0.025	0.002	0.069	0.020	0.009	0.343	0.329
		0.000	0.000	0.000	0.795	0.000	0.000	0.001		
20122	288	0.174	-0.017	-0.004	0.006	-0.041	-0.011	0.010	0.218	0.201
		0.000	0.019	0.291	0.070	0.003	0.003	0.000		
20123	287	-0.004	-0.050	-0.024	0.012	-0.053	0.001	0.008	0.139	0.121
		0.906	0.000	0.000	0.014	0.003	0.869	0.002		

① 本书中类似表格中“月份”一列的“20111”表示“2011 年 1 月”，“20112”表示“2011 年 2 月”，依次类推。

续表

月	样本	常数	γ^{M}	γ^{S}	γ^{H}	γ^{SIZE}	γ^{MB}	γ^{Turn}	R^2	Adj_R^2
20124	289	−0. 012	0. 041	−0. 006	0. 005	0. 008	0. 004	0. 005	0. 289	0. 274
		0. 613	0. 000	0. 063	0. 097	0. 554	0. 267	0. 006		
20125	291	0. 030	−0. 007	−0. 014	−0. 002	−0. 035	−0. 001	0. 016	0. 176	0. 158
		0. 333	0. 471	0. 001	0. 656	0. 058	0. 761	0. 000		
20126	290	−0. 012	−0. 098	−0. 019	0. 003	−0. 051	0. 014	0. 007	0. 360	0. 347
		0. 687	0. 000	0. 000	0. 429	0. 005	0. 003	0. 020		
20127	291	−0. 111	−0. 030	−0. 033	0. 003	0. 015	0. 013	0. 007	0. 190	0. 173
		0. 000	0. 000	0. 000	0. 411	0. 387	0. 005	0. 107		
20128	290	−0. 056	−0. 024	0. 017	−0. 010	0. 015	0. 003	0. 016	0. 134	0. 116
		0. 079	0. 002	0. 008	0. 032	0. 438	0. 544	0. 003		
20129	288	−0. 126	0. 045	0. 015	−0. 004	−0. 068	0. 026	0. 015	0. 267	0. 252
		0. 000	0. 000	0. 017	0. 215	0. 000	0. 000	0. 000		
201210	286	−0. 015	−0. 022	−0. 021	0. 000	0. 049	−0. 001	−0. 001	0. 126	0. 107
		0. 615	0. 014	0. 000	0. 996	0. 000	0. 789	0. 915		
201211	289	−0. 238	−0. 007	−0. 001	0. 016	0. 079	0. 024	−0. 001	0. 328	0. 314
		0. 000	0. 451	0. 940	0. 000	0. 000	0. 000	0. 943		
201212	290	0. 066	0. 095	−0. 001	0. 008	−0. 038	−0. 001	0. 017	0. 364	0. 351
		0. 021	0. 000	0. 919	0. 007	0. 012	0. 910	0. 000		
20131	254	−0. 148	0. 022	0. 028	−0. 009	0. 046	0. 022	0. 017	0. 239	0. 221
		0. 000	0. 028	0. 000	0. 027	0. 028	0. 000	0. 000		
20132	249	0. 038	−0. 002	0. 006	−0. 003	−0. 020	−0. 005	0. 005	0. 086	0. 063
		0. 104	0. 784	0. 037	0. 181	0. 159	0. 183	0. 068		
20133	249	−0. 101	−0. 072	0. 016	−0. 006	−0. 045	0. 023	0. 013	0. 329	0. 313
		0. 005	0. 000	0. 013	0. 131	0. 021	0. 000	0. 029		
20134	250	−0. 153	−0. 004	0. 021	0. 002	0. 015	0. 020	0. 011	0. 202	0. 182
		0. 000	0. 715	0. 000	0. 370	0. 401	0. 000	0. 065		
20135	251	0. 098	0. 025	0. 028	−0. 001	−0. 028	−0. 007	0. 012	0. 270	0. 252
		0. 004	0. 004	0. 000	0. 783	0. 108	0. 199	0. 008		
20136	249	−0. 266	−0. 068	0. 027	−0. 012	−0. 051	0. 037	0. 008	0. 430	0. 416
		0. 000	0. 000	0. 000	0. 005	0. 002	0. 000	0. 146		

续表

月	样本	常数	γ^M	γ^S	γ^H	γ^{SIZE}	γ^{MB}	γ^{Turn}	R^2	Adj_R^2
20137	249	−0. 112	−0. 002	0. 020	−0. 020	0. 043	0. 015	0. 023	0. 327	0. 310
		0. 007	0. 865	0. 001	0. 000	0. 011	0. 007	0. 000		
20138	248	0. 026	0. 022	−0. 013	−0. 013	0. 052	−0. 007	0. 009	0. 216	0. 197
		0. 444	0. 020	0. 006	0. 000	0. 000	0. 145	0. 005		
20139	249	−0. 084	0. 022	0. 020	0. 001	−0. 004	0. 016	0. 015	0. 303	0. 285
		0. 020	0. 040	0. 000	0. 742	0. 831	0. 009	0. 000		
201310	253	−0. 170	0. 001	−0. 002	0. 007	0. 077	0. 016	0. 012	0. 149	0. 129
		0. 000	0. 880	0. 799	0. 057	0. 000	0. 012	0. 009		
201311	251	0. 001	0. 000	0. 015	0. 001	−0. 012	0. 007	0. 011	0. 132	0. 110
		0. 978	0. 985	0. 000	0. 707	0. 366	0. 134	0. 017		
201312	251	−0. 056	−0. 009	−0. 017	0. 007	−0. 030	0. 006	0. 000	0. 096	0. 073
		0. 077	0. 339	0. 011	0. 016	0. 015	0. 216	0. 999		

（1）23 个月股票换手率对股票收益的影响为正效应且大都非常显著，即换手率越大，股票收益越大。因此，换手率为信息指标的代理变量解释得到验证。这与 Datar 等（1998）实证研究结果一致，他们的研究结果表明在控制了规模、账面价值与市场价值比率、市场风险后纽约证券交易所股票收益率和换手率呈正相关关系，且流动性风险溢价稳健存在。

（2）11 个月股票换手率对股票收益的影响为负效应且大都非常显著，这一实证结果与陆静、唐小我（2004），李一红、吴世农（2003）以及吴文锋、芮萌、陈工孟（2003）结论一致。陆静、唐小我（2004）和李一红、吴世农（2003）的研究表明换手率和收益呈负相关关系，吴文锋、芮萌、陈工孟（2003）的研究结果显示股价的收益与非流动性之间呈正相关关系，均支持股票市场的“非流动性补偿”的假设。原因可能与 2005 年“股改”前中国市场股票大部分非流通的有关，这时换手率作为流动性指标。从投资的角度来看，当某证券的流动性不足时，投资者就要求有更高的回报率。

（3）Eleswarapu 和 Reinanium（1993）也认为流动性效应并没有什么，只是一种季节效应，而这种效应只发生在每年的一月。陆静、唐小我（2004）

还发现不同时期的流动性溢价系数相差较大，表明当时我国股票市场发展不够健全，股票市场存在着不平衡和严重的信息不对称。

2. 信息交易概率对股票收益的影响

用全样本，采用信息交易概率 PIN 作为信息交易风险的度量指标，根据式（4-4）按月对数据进行回归。表 4-4 给出利用式（4-4）估计出每月信息交易风险 PIN 对股票收益的回归结果。

表 4-4 信息交易风险回归结果

月	样本	常数	γ^M	γ^S	γ^H	γ^{BM}	γ^{SIZE}	γ^P	R^2	Adj_R^2
20111	259	-0.118	-0.005	0.015	0.018	0.122	0.012	-0.055	0.344	0.329
		0.002	0.712	0.006	0.003	0.000	0.019	0.324		
20112	257	0.127	0.017	-0.004	0.000	-0.081	-0.011	0.030	0.124	0.103
		0.000	0.027	0.184	0.968	0.000	0.015	0.521		
20113	257	-0.080	0.011	-0.001	0.014	0.022	0.011	-0.066	0.138	0.117
		0.020	0.226	0.858	0.002	0.481	0.048	0.222		
20114	259	-0.067	-0.016	0.005	-0.003	0.118	0.005	0.026	0.136	0.115
		0.028	0.047	0.317	0.356	0.000	0.335	0.606		
20115	262	-0.079	-0.044	0.001	0.002	-0.033	0.012	0.012	0.153	0.133
		0.002	0.000	0.931	0.345	0.084	0.001	0.719		
20116	262	0.078	-0.007	-0.003	0.005	-0.112	0.001	-0.019	0.110	0.089
		0.012	0.543	0.547	0.052	0.000	0.869	0.658		
20117	263	0.146	-0.051	-0.026	-0.008	-0.129	-0.010	0.024	0.283	0.266
		0.000	0.000	0.000	0.035	0.000	0.043	0.635		
20118	265	0.043	-0.049	-0.024	-0.032	0.227	-0.023	0.021	0.465	0.452
		0.177	0.000	0.000	0.000	0.000	0.000	0.645		
20119	267	-0.113	-0.032	-0.015	0.024	-0.006	0.009	-0.012	0.206	0.188
		0.000	0.007	0.011	0.000	0.764	0.051	0.774		
201110	267	0.073	-0.023	-0.001	0.015	0.023	-0.001	-0.055	0.186	0.167
		0.007	0.018	0.762	0.000	0.193	0.787	0.163		

续表

月	样本	常数	γ^M	γ^S	γ^H	γ^{BM}	γ^{SIZE}	γ^P	R^2	Adj_R^2
201111	267	0.052	−0.077	−0.010	−0.013	−0.067	0.000	−0.033	0.353	0.338
		0.056	0.000	0.005	0.000	0.000	0.925	0.402		
201112	269	−0.207	−0.025	−0.015	0.004	0.043	0.023	0.015	0.123	0.103
		0.000	0.067	0.100	0.516	0.075	0.000	0.809		
20121	288	−0.184	0.093	−0.027	0.001	0.066	0.014	−0.006	0.315	0.301
		0.000	0.000	0.000	0.852	0.001	0.004	0.887		
20122	288	0.216	−0.013	−0.004	0.004	−0.041	−0.019	0.040	0.145	0.127
		0.000	0.089	0.309	0.213	0.004	0.000	0.300		
20123	287	0.029	−0.050	−0.020	0.010	−0.056	−0.004	0.020	0.109	0.090
		0.396	0.000	0.001	0.042	0.002	0.393	0.655		
20124	289	0.004	0.046	−0.008	0.005	0.006	0.001	0.025	0.272	0.256
		0.878	0.000	0.022	0.075	0.685	0.842	0.485		
20125	291	0.105	0.001	−0.010	−0.005	−0.039	−0.010	−0.087	0.077	0.057
		0.001	0.901	0.022	0.322	0.045	0.038	0.068		
20126	290	0.021	−0.095	−0.019	0.001	−0.050	0.010	−0.057	0.351	0.337
		0.495	0.000	0.000	0.831	0.006	0.025	0.264		
20127	291	−0.091	−0.027	−0.032	0.001	0.012	0.011	−0.035	0.184	0.167
		0.003	0.000	0.000	0.722	0.469	0.015	0.421		
20128	290	−0.029	−0.017	0.017	−0.011	0.007	−0.001	−0.008	0.107	0.088
		0.368	0.026	0.009	0.022	0.720	0.854	0.860		
20129	288	−0.093	0.055	0.016	−0.003	−0.076	0.021	−0.023	0.233	0.217
		0.002	0.000	0.014	0.331	0.000	0.000	0.578		
201210	288	−0.027	−0.022	−0.021	0.000	0.047	−0.001	0.043	0.129	0.110
		0.376	0.012	0.000	0.980	0.001	0.912	0.319		
201211	289	−0.225	−0.008	−0.001	0.016	0.080	0.023	−0.050	0.331	0.317
		0.000	0.419	0.923	0.000	0.000	0.000	0.260		
201212	290	0.098	0.112	−0.001	0.007	−0.050	−0.008	0.066	0.324	0.310
		0.001	0.000	0.833	0.033	0.001	0.076	0.135		
20131	254	−0.025	0.014	0.028	−0.005	0.012	0.008	0.019	0.097	0.075
		0.500	0.199	0.000	0.287	0.578	0.146	0.734		

续表

月	样本	常数	γ^{M}	γ^{S}	γ^{H}	γ^{BM}	γ^{SIZE}	γ^{P}	R^2	Adj_R^2
20132	249	0.054	-0.001	0.006	-0.003	-0.023	-0.007	0.022	0.075	0.052
		0.017	0.940	0.020	0.211	0.100	0.035	0.581		
20133	249	-0.075	-0.062	0.021	-0.008	-0.054	0.017	0.073	0.321	0.304
		0.023	0.000	0.001	0.049	0.005	0.002	0.173		
20134	250	-0.138	-0.002	0.022	0.002	0.006	0.018	0.063	0.196	0.176
		0.000	0.820	0.000	0.366	0.747	0.000	0.194		
20135	251	0.133	0.031	0.032	-0.001	-0.038	-0.012	0.043	0.251	0.233
		0.000	0.000	0.000	0.788	0.029	0.015	0.426		
20136	249	-0.234	-0.064	0.030	-0.014	-0.056	0.034	-0.067	0.429	0.415
		0.000	0.000	0.000	0.001	0.001	0.000	0.207		
20137	249	-0.058	0.010	0.035	-0.019	0.026	0.009	0.030	0.196	0.176
		0.194	0.461	0.000	0.000	0.160	0.155	0.588		
20138	248	0.081	0.024	-0.008	-0.012	0.044	-0.012	-0.090	0.203	0.183
		0.015	0.009	0.070	0.000	0.002	0.015	0.058		
20139	249	-0.023	0.037	0.024	0.004	-0.023	0.008	-0.013	0.261	0.243
		0.500	0.000	0.000	0.319	0.248	0.151	0.834		
201310	253	-0.136	0.011	-0.001	0.007	0.070	0.011	-0.013	0.126	0.104
		0.000	0.254	0.912	0.058	0.000	0.061	0.815		
201311	251	0.013	0.005	0.019	0.001	-0.015	0.004	0.039	0.114	0.092
		0.653	0.579	0.000	0.828	0.271	0.330	0.401		
201312	251	-0.044	-0.010	-0.017	0.007	-0.029	0.006	-0.069	0.105	0.083
		0.138	0.324	0.016	0.011	0.013	0.180	0.112		

从表4-4中可发现：

（1）比较样本期间的36个月里，总体来看，不同月份里的信息交易风险对股票收益的影响不一样，且整体水平偏低，p值都不是非常显著，如2011年2月PIN值的回归系数为0.030（$p=0.521$，$R^2=12.4\%$），表明2011年2月的信息交易概率PIN对股票回报几乎没有影响。

（2）2013年8月和2012年5月的回归结果显示，信息交易概率的回归系数分别为-0.090（$p=0.058$，$R^2=20.3\%$）和-0.087（$p=0.068$，$R^2=7.7\%$），

表明 2013 年 8 月信息交易风险对股票收益呈现显著的负影响。这表明 PIN 越小，有信息的交易者越少，信息量越大，则其更容易获得超额收益；反之，PIN 值越大，说明有信息的交易者越多，信息量越小，则其获得的超额收益也较为有限。实证结果与韩立岩、郑君彦、李东辉（2008）的研究结果一致，即在我国 A 股票市场上，信息交易概率作为定价因子具有负向的解释力。这可能与在中国 A 股股市中存在着庄家与散户博弈有关，即中国市场仍是散户市场。

（3）2012 年 12 月与 2013 年 4 月的信息交易风险回归系数较为类似，分别为 0.066（p=0.135，R^2=32.4%）和 0.063（p=0.194，R^2=19.6%），表明 2012 年 12 月信息交易的风险对股票收益有着一定的正向作用和一定的解释力。即存在着信息风险溢价，这与 Easley、Hvidkjaero 和 O'Hara（2002）以及刘善存、李朋（2005）的研究结果一致。

3. 换手率和信息交易概率结果比较分析

整体来看回归结果，信息交易风险，即 PIN 值对股票收益的影响大都不显著。这可能与 Eleswarapu 和 Reinanium（1993）认为的流动性效应没什么关系，只是与月份有关一样，信息交易风险对股票定价的影响也没什么，只是与月份有关。

从表 4-3 和表 4-4 中可以看出，信息交易概率和换手率对股票回报的影响不同。换手率对股票收益的影响为正，而信息交易概率的影响是混合的，可能有信息的交易最终体现在买卖量上，信息交易概率只能说明是信息交易，不能判断存在信息交易，而信息交易是来自好消息还是坏消息，也可能跟我们假设好消息和坏消息到达的概率是一样的有关，这一问题需要进一步研究。

同时与第二章结果比较，PIN 的解释力下降了很多，且总的来说不显著。原因可能在于：样本大、股票多、时间长，且多为大盘股；解释变量不同，用股票收益代替了股票超额收益；而且加入了控制变量公司规模和账面市值比。这就是说信息交易风险定价可能存在模型选择风险。

第四节 分位数回归分析

从横截面回归的结果看，信息交易概率对股票收益的影响是混合的，显著影响较少，下面用分位数回归进一步研究信息交易概率对股票收益的影响（对称性和系数相等性分析）。

一、分位数回归分析

1. 分位数回归结果

采用 PIN 作为信息交易风险的度量指标，根据式（4-4）对全样本数据进行分位数回归，回归结果如表 4-5 所示。

表 4-5 全样本分位数回归结果

变量	分位数回归						OLS
	5%	10%	25%	75%	90%	95%	50%
β^M	-0.032*** (0.003)	-0.031*** (0.003)	-0.023*** (0.002)	0.015*** (0.003)	0.028*** (0.004)	0.031*** (0.007)	0.0001 (0.002)
β^S	-0.001 (0.002)	-0.002* (0.001)	-0.002* (0.001)	0.008*** (0.001)	0.012*** (0.002)	0.010*** (0.003)	0.006*** (0.001)
β^H	0.006*** (0.001)	0.005*** (0.001)	0.004*** (0.001)	-0.001 (0.001)	-0.001 (0.001)	-0.002 (0.002)	0.0002 (0.001)
BM	-0.014** (0.007)	0.013** (0.005)	0.017*** (0.004)	-0.022*** (0.005)	-0.043*** (0.005)	-0.045*** (0.012)	-0.0001 (0.004)
log（SIZE）	0.021*** (0.001)	0.016*** (0.001)	0.010*** (0.001)	0.001 (0.001)	-0.004*** (0.001)	-0.008*** (0.003)	0.007*** (0.001)
PIN	0.006 (0.018)	0.011 (0.015)	0.003 (0.012)	-0.014 (0.015)	0.021 (0.019)	0.007 (0.035)	-0.002 (0.012)
C 常数	-0.223*** (0.009)	-0.181*** (0.009)	-0.108*** (0.007)	0.049*** (0.009)	0.129*** (0.012)	0.198*** (0.021)	-0.038*** (0.007)
观测值	9，623	9，623	9，623	9，623	9，623	9，623	9，623
R^2							0.006
F-值							10.195***

注：* 表示 p<0.1；** 表示 p<0.05；*** 表示 p<0.01。

从几个分位数点的回归结果来看，信息交易概率对股票收益的影响为正，但不显著。即存在着信息风险溢价，仍与 Easley、Hvidkjaero 和 O'Hara（2002）以及刘善存、李朋（2005）的研究结果一致。

2. 分位数回归估计趋势分析

从图 4-1 中可以看出各因子对股票收益影响的系数估值的趋势。为了更清晰地观察信息交易概率对股票收益的影响趋势，图 4-2 给出了信息交易概率对股票收益影响的系数估值的趋势图。

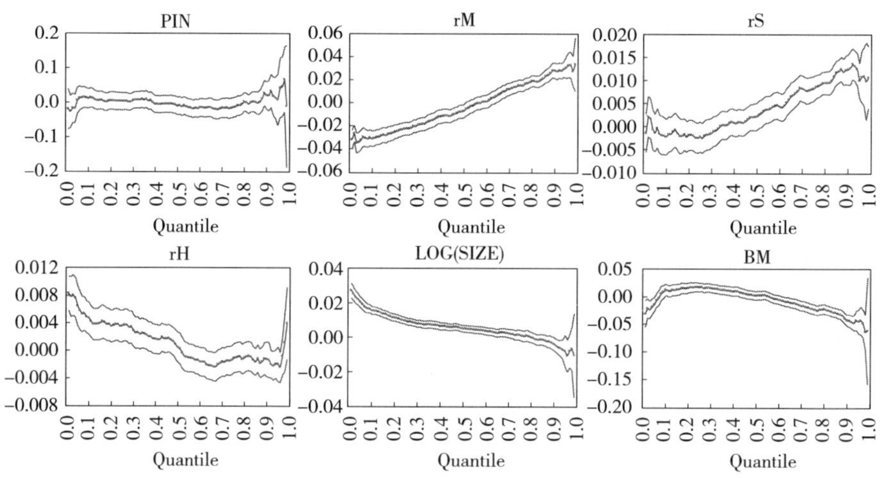

图 4-1　分位数回归趋势

从图 4-2 中发现，当分位点在 40%～80%范围内时，信息交易风险对股票收益的影响是负的，在其他范围内基本上是正的影响。

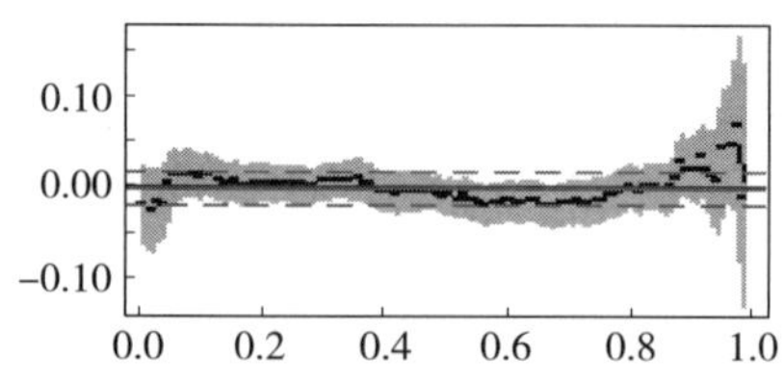

图 4-2　PIN 系数估值的趋势

二、分位数结果检验

为了更好地解释信息交易概率对股票收益的影响，对分位数回归结果进行系数相等和对称性检验。

1. 系数相等性检验

从信息交易概率 PIN 系数估计值的趋势图发现，分位点落在［0.4，0.8］范围内，估计系数为负的，系数相等检验分位点的选取及检验结果如表 4-6 所示。

表 4-6　系数相等检验结果

检验：　b（tau_h）-b（tau_k）=0									
变量	Rstr 值	标准差	P-值	Rstr 值	标准差	P-值	Rstr 值	标准差	P-值
	0.1，0.5			0.5，0.9			0.1，0.9		
β^M	-0.024	0.004	0.000	-0.035	0.004	0.000	-0.059	0.005	0.000
β^M	-0.004	0.002	0.031	-0.010	0.002	0.000	-0.015	0.002	0.000
β^M	0.004	0.001	0.002	0.002	0.001	0.214	0.006	0.002	0.000
log（SIZE）	0.011	0.001	0.000	0.009	0.002	0.000	0.020	0.002	0.000
BM	0.010	0.005	0.058	0.045	0.006	0.000	0.055	0.007	0.000
PIN	0.022	0.016	0.166	-0.031	0.020	0.117	-0.009	0.023	0.685
检验总结	χ^2-值	χ^2 自由度	P-值				χ^2-值	χ^2 自由度	P-值
Wald 检验	557.353	12.000	0.000				462.165	6.000	0.000

从表 4-6 中可看出，斜率相等性检验的 Wald 检验 χ^2 统计量为 557.353（自由度为 12），概率为 0.000 以及 Wald 检验 χ^2 统计量为 462.165（自由度为 6）。这表明 0.1~0.5、0.5~0.9、0.1~0.9 分位数对回归斜率显著不相等。这意味着，相同条件的不同分位数回归的被解释变量，即股票收益拟合值的分布是不同的。

2. 对称性检验

从 τ = 0.05、0.1 和 0.25 来看，Wald 检验的 χ^2 统计量的值分别为 123.8207、79.6213 和 24.0195，自由度均为 7，P 值均在 0.001 以下，故分位

数回归系数关于中位数（50%）是非对称的。

表 4-7 系数对称检验结果

检验：b（tau）+b（1-tau）-2×b（0.5）=0									
Tau	0.05			0.1			0.25		
系数	Rstr-值	Std	P-值	Rstr-值	Std	P-值	Rstr-值	Std	P-值
常数	0.0328	0.0309	0.2882	0.0056	0.0176	0.7503	-0.0010	0.0119	0.9322
γ^M	0.0129	0.0074	0.0817	0.0113	0.0059	0.0548	0.0070	0.0042	0.0953
γ^S	0.0043	0.0035	0.2216	0.0058	0.0031	0.0559	0.0017	0.0022	0.4295
γ^H	0.0035	0.0025	0.1575	0.0025	0.0022	0.2559	0.0014	0.0016	0.3735
γ^{SIZE}	0.0027	0.0049	0.5863	0.0020	0.0024	0.4036	0.0008	0.0016	0.6032
γ^{BM}	-0.0638	0.0133	0.0000	-0.0347	0.0084	0.0000	-0.0093	0.0058	0.1073
γ^P	0.0336	0.0435	0.4404	0.0530	0.0273	0.0522	0.0094	0.0188	0.6159
检验总结	χ^2-值	χ^2-d.f.	P-值	χ^2-	χ^2-d.f.	P-值	χ^2-.Statistic	χ^2-d.f.	P-值
Wald	123.8207	7.0000	0.0000	79.6213	7.0000	0.0000	24.0195	7.0000	0.0011

第五节 本章结论

一、主要结论

本章选取沪深 300 指数作为研究对象，研究期间为 2011 年 1 月至 2013 年 12 月，首先利用日内数据计算出股票每天的买卖盘数，根据 EKOP 模型提出的二叉树模型，推导出信息交易的概率，再利用第二章的理论及其极大似然法来估算各参数的值。信息交易概率代表个股交易是利用私有消息进行投机交易的概率，利用 Fama-French 三因子模型算出三因子的风险值，即市场溢值风险因子，规模风险因子，账面市值比风险因子，同时在控制了规模和账面市值比后，研究信息交易概率对股票收益的影响。

实证结果表明：样本期间内，信息交易概率和换手率对股票回报的影响不同。换手率对股票收益的影响为正，而信息交易概率的影响是混合的。

与第二章结果比较可得出：信息交易风险定价可能存在模型选择风险。同时：信息交易概率对股票收益的影响是混合的，可能只是存在月份效应。这与假设不同，探讨其原因大体如下：与我国证券市场处于新兴市场有关，市场上确实存在着很大比例的信息交易，同时某些私有信息并不完全是有效的并能对股价产生影响的重大消息，如我国的投资市场内充斥着大量的“小道消息”，但这消息是否可靠却无法知晓，再加上我国证券市场仍是散户市场，而散户投资者缺乏对消息的分析能力，对某种消息对股价的走势影响并不完全了解，从而出现信息交易概率很大，但却对股票没有影响的现象，甚至是相反的影响。

二、不足与展望

第三章和第四章用不同的样本和方法研究了信息交易风险定价问题，发现同时信息交易概率对股票收益影响是混合的，可能有信息的交易最终体现在买卖量上，信息交易概率只能说明是信息交易，不能判断存在信息交易，而信息交易是来自于好消息还是坏消息，也可能跟我们假设好消息和坏消息到达的概率一样有关，这一问题需要进一步研究。

同时，信息交易对股票收益的影响是非对称的，随着信息交易的变化，其对股票收益的影响也是变化的。对好消息和坏消息两种不同的信息，信息交易概率对股票收益的影响如何以及随着交易信息的变化股票收益如何变化，也是值得研究的问题之一。

参考文献

[1] Amihud, Yakov, Haim Mendelson. Asset Pricing and the Bid-ask Spread [J]. Journal of Fianacial Economics, 1986, 17 (1): 223-249.

[2] Datar V., Narayan Naik, R. Radcliffe. Liquidity and Stock Returns: An Alternative Test [J]. Journal of Financial Markets, 1998, 1 (1): 203-219.

[3] Easley D., Hvidkjaer, M. O' Hara. Is Information Risk a Determinant of Asset Returns [J]. Journal of Finance, 2002, 57 (5): 2185- 2221.

[4] Easley D., N. Kiefer, M. O'Hara, J. B. Papermam. Liquidity Information and Less Frequently Traded Stocks [J]. Journal of Finance, 1996, 51 (4): 1405-1436.

[5] Eleswarapu V. R., M. Reinganium. The Seasonal Behavior of the Liquidity Premium in Asset Pricing [J]. Journal of Financial Economics, 1993, 34 (3): 373-386.

[6] Fama E. F., Macbeth J. D.. Risk, Return, and Equilibrium: Empirical Tests [J]. Journal of Political Economy, 1973, 81 (3): 607-636.

[7] Fama E., French K.. Common Risk Factors in the Returns on Stocks and Bonds [J]. Journal of Financial Economics, 1993, 33 (1): 3-56.

[8] 韩立岩，郑君彦，李东辉．沪市知情交易概率（PIN）特征与风险定价能力[J]. 中国管理科学，2008（16）：16-24.

[9] 李朋，刘善存．信息性交易概率分解与买卖价差研究[J]. 南方经济，2006（2）：13-22.

[10] 李一红，吴世农．中国股市流动性溢价的实证研究[J]. 管理评论，2003，15（11）：34-42.

[11] 刘元海，陈伟忠．中国股市知情交易概率的测定[J]. 同济大学学报（自然科学版），2004（32）：118-122.

[12] 陆静，唐小我．股票流动性与期望收益的关系研究[J]. 管理工程学报，2004（2）：109-111.

[13] 王春峰，董向征，房振明．信息交易概率与中国股市价格行为关系的研究[J]. 系统工程，2005（23）：62-67.

[14] 吴文锋，芮萌，陈工孟．中国股票收益的非流动性补偿[J]. 世界经济，2003（7）：54-60.

[15] 杨之曙，姚松瑶．沪市买卖价差和信息性交易实证研究[J]. 金融研究，2004（4）：45-56.

[16] 周开国，何兴强，柴俊．股票交易活跃性、流动性与基于信息的交易[J]. 财经问题研究，2006（8）：50-59.

第五章　盈余公告下机构投资者信息交易对超额收益影响的实证研究

第三章和第四章研究分析了在中国股票市场，信息交易风险 PIN 值对股票收益的影响，PIN 值在中国股票市场的解释力比较弱。这可能与中国证券市场是新兴市场，充斥着大量的“小道消息”，并且仍是散户市场，而散户投资者缺乏对消息的加工处理及分析能力有关。本章试图结合公司基本面信息，考察机构投资者解读信息的能力对股票收益的影响。

本章基于机构投资者的视角，以盈余公告为研究契机，考察在盈余公告前后机构投资者的交易行为与股票超额收益的关系，检验信息交易对股票超额收益的影响，并观察机构投资者是否可能进行信息交易。首先，在前人研究的基础上提出假设，考察机构投资者在盈余公告前的机构投资者交易行为对盈余公告后股票超额收益的影响，研究机构投资者是否存在信息交易；其次，将投资者异常净交易指标和信息交易概率 PIN 值分别作为信息交易的间接和直接度量指标引入模型，在控制惯性效应和未预期盈余效应的基础上进行截面回归，考察信息交易对超额收益的影响；最后，考察在机构投资者异常交易行为影响下，信息交易对超额收益的影响。

第一节　相关研究理论及文献综述

一、机构投资者信息交易行为研究

机构投资者通常被认为是具有专业知识的资金管理者，国内外大部分研究都表明机构投资者是信息拥有者，并且利用相对个人投资者所拥有的信息优势获利。首先，机构投资者群体可以从经济的规模效应中受益，从而更有效率地处理信息。其次，机构投资者对信息的处理和加工具有一定的专业性。机构投资者能运用专业的投资分析知识处理信息，更好地解读和利用公开信息，分散风险，获取较高的收益。最后，机构投资者信息优势的来源也可能是公司在向公众披露全部信息之前选择性地透露重要信息给某些机构投资者。

El-Gazzar（1998）发现，盈余公告期的价格反应与机构投资者持股负相关，验证了机构投资者有强烈收集私有的未揭露信息的假设。Chakravarty（2001）检验了 NYSE 上市的公司样本，发现由机构投资者驱动的中单交易导致了异常大的累计股价变化，他们的结论符合“秘密交易”假设，证实了机构交易者是信息交易者。Korczak 和 Tavakkol（2004）研究了波兰市场上机构投资者持股与未预期盈余中的信息内容的关系，发现养老基金持股比例越高的上市公司其公告后反应越小；他们将其原因归结为基金拥有个人投资者所没有的信息优势，该信息优势可能是由于收集公共信息的规模效应造成的，也可能是因为基金有方法能优先得到信息。Sias、Starks 和 Titman（2006）利用美国 1979 年 12 月至 2000 年 12 月每季度机构投资者持股的数据研究机构投资者持股变化与股票收益的关系，发现机构投资者持股的季度性变化与股票在同一季度的收益正相关，而该正相关源于机构投资者交易对收益的影响，他们对此的一个解释是机构投资者是信息交易者，并且在交易过程中信息会逐渐反映到价格中。

国内也有学者研究证明机构投资者是信息拥有者。孔东民和柯瑞豪（2007）考察了 1999 年 1 月 1 日至 2006 年 9 月 30 日的股票交易数据及财务数据，发现盈余公告前机构投资者有更大的优势获取公司信息，其持仓变化与盈余正相关。余佩琨等（2009）利用投资者日仓位数据，检验中国资本市场中机构投资者的收益是否高于个人投资者，发现在好消息公布之前，机构投资者的仓位增加；反之减少，其消息公告前的仓位变化与公告后股票收益存在正相关关系，说明机构投资者具有信息优势。

二、盈余公告的信息性研究

由于盈余公告这一事件带有信息性，信息交易者可能运用在盈余公告前后得到的私人信息进行交易来调整交易策略，获取超额收益。因此盈余公告是研究中国证券市场信息交易情况的一个良好研究契机。当投资者利用信息进行交易时，交易量和收益通常会发生变动。

1. 交易量变动

Bamber（1986）利用 1977~1979 年 397 家公司约 1200 个盈余公告考察了盈余公告的信息性，发现盈余公告前后的交易量明显高于年度交易量的中间值，并且验证了股票交易量与未预期盈余的正相关关系。他还发现，当公司发布公告时，小公司的交易比例明显大于大公司的交易比例。Cready 和 Mynatt（1991）检验了盈余公告日附近的市场反应，虽然没有发现价格对盈余公告有显著反应，但是却发现交易次数有显著增加，在盈余公告日后的 4~5 天达到顶峰，该种市场反应同样能说明盈余公告的信息性。我国学者陈晓等（1999）对交易量的变动研究也证明盈余公告的信息性。

2. 收益变动

Ball 和 Brown（1968）利用事件研究法考察了 1946~1965 年纽约证券交易所的 216 家上市公司样本，发现年度盈余公告日前后的未预期盈余与股票的超额收益正相关，得出了盈余公告具有信息性的结论。Beaver、Clarke 和 Wright（1979）继续了 Ball 和 Brown（1968）的研究，进一步检验未预期盈余变动幅度与股票超额收益之间的关联性，同样发现未预期盈余变动幅度与股票异常收益之间具有正相关关系。Campbell 等（2009）发现机构投资者的订单流对于未预期盈余具有稳健的预测作用，机构投资者会利用未预期盈余和盈余漂移进行获利。国内学者王转和王国山（2011）以 2007~2009 年 60 家制造业公司为样本，对盈余公告日前后超额回报与未预期盈余相关关系进行回归分析，证实在我国 A 股市场上盈余公告具有很强的信息含量。

第二节 研究设计

一、研究思路与假设

本章以盈余公告这一释放信息的事件为契机，研究信息交易对股票超额收益的影响。大量前人的理论和实证研究均表明，机构投资者具有信息优势，可能成为信息交易者。由于盈余公告具有信息性，那么知情的机构投资者在盈余公告前将会有较为活跃的交易，并且会利用所掌握的私有信息获利。首先构建一个机构投资者的异常净交易指标（$InsNT_{i,t}$）来观察机构投资者在盈余公告前的交易行为，考察机构投资者是否具有信息交易的可能，该指标同时也是信息交易的间接衡量指标，可以初步考察信息交易对超额收益的影响。基于此，本章提出如下假设：

假设1：机构投资者在盈余公告前的异常净交易对盈余公告日后的超额收益有正向影响，机构投资者可能存在信息交易。

Easley等（1996）建立了EKOP模型，并利用该模型计算了信息交易的直接度量指标——信息交易概率，即PIN值。基于EKOP模型计算PIN值，并将PIN值与机构投资者的异常净交易指标结合起来，更进一步地考察机构投资者的信息交易对超额收益的影响。结合Easley、Hvidkjaero和O'Hara（2002）研究信息交易风险对资产定价影响的结论，提出以下假设：

假设2：信息交易概率对盈余公告日后的超额收益有正向影响，信息交易概率是资产定价的一个风险因子。

假设3：信息交易概率对盈余公告后超额收益的作用，会受到盈余公告前机构投资者异常净交易的影响。

二、主要变量构建

1. 被解释变量——超额收益

这里用累计超额收益率（$CAR_{[t,T]}$）来度量盈余公告前后的股票超额收益，涉及超额收益处均指累计超额收益率。

被解释变量为公告日后［t，T］日的超额收益，基于 Fama-French 三因子模型进行 $CAR_{[t,T]}$ 的计算。三因子模型是 Fama 和 French（1993）对资本资产定价模型的衍生，可以较好地解释单个投资组合与系统风险收益率（市场因素）之间的关系。Fama 和 French（1993）构造的三因子分别为 MKT、SMB、HML，其中 MKT 代表市场因子，SMB 代表公司规模（SIZE）因子，HML 代表账面市值比（BE/ME）因子。

运用 Fama 和 French 三因子模型计算超额收益的过程如下：

（1）运用模型计算每个样本股的三因子系数 β_i^M、β_i^S、β_i^H，回归模型如下：

$$r_{i,t}=\alpha_i^0+\beta_i^M MKT_t+\beta_i^S SMB_t+\beta_i^H HML_t+\sigma_{i,t} \tag{5-1}$$

其中，$r_{i,t}$是股票 i 在第 t 日的收益率，$\sigma_{i,t}$是回归残差项。

（2）将回归得到的三因子系数代入式（5-2），得到每日的超额收益率：

$$AR_{i,t}=r_{i,t}-\hat{\alpha}_i^0-（\hat{\beta}_i^M MKT_t+\hat{\beta}_i^S SMB_t+\hat{\beta}_i^H HML_t） \tag{5-2}$$

（3）将［t，T］日的超额收益率加总，得到累计超额收益率，以度量超额收益的指标，用 $CAR^i_{[t,T]}$（Cumulative Abnormal Returns）表示：

$$CAR^i_{[t,\ T]}=\sum_{k=t}^{T}AR_{i,\ k} \tag{5-3}$$

2. 解释变量

（1）机构投资者异常净交易指标。不少学者运用交易非平衡指标，研究了在特定事件前后股票收益与订单流的关系。这里根据 Kaniel 等（2012）的方法构建机构投资者的异常净交易指标（$InsNT_{i,t}$），观察机构投资者在盈余公告前的交易行为和买卖强度，具体方法如下：

首先构造个股的机构投资者交易非平衡指标（$Ins\_Imbalance_{i,t}$），用机构投资者买盘的日交易额减去机构投资者卖盘的日交易额，再除以日历年的平均日交易额，即：

$$Ins\_Imbalance_{i,t}=\frac{机构买盘日交易额_{i,t}-机构卖盘日交易额_{i,t}}{日历年的平均日交易额_{i,t}} \tag{5-4}$$

其次用个股的机构投资者非平衡指标减去该股在样本期间内非平衡指标

的平均值，得到个股的机构投资者异常净交易指标（$InsNT_{i,t}$）：

$$InsNT_{i,t} = Ins\_Imbalance_{i,t} - \frac{1}{N}\sum_{N} Ins\_Imbalance_{i,t} \tag{5-5}$$

其中，N 表示样本期天数。

最后将［t，T］日的机构投资者的异常净交易指标加总，得到累计异常净交易：

$$InsNT^{i}_{[t,T]} = \sum_{k=t}^{T} InsNT_{i,k} \tag{5-6}$$

用机构投资者累计异常净交易指标（$InsNT_{i,t}$）来度量机构投资者异常净交易，作为其强买或强卖的指标，盈余公告前该指标记为 $InsNT_{[-T,-t]}$，盈余公告后该指标记为 $InsNT_{[t,T]}$。该指标表现了机构投资者交易操作方向的偏离，当指标为正时说明机构投资者的买盘偏离正常值，机构投资者强买；反之，当指标为负时说明机构投资者的卖盘偏离正常值，机构投资者强卖。

所采用的高频数据包含了每日买盘和卖盘的数据信息，即每日买卖盘的交易额均已确定，故不需要再用其他算法进行区分。

（2）信息交易概率。信息交易概率用 PIN 表示，代表了某段时间市场上发生的交易中存在信息交易的概率。信息交易概率直接给出了信息交易者参与市场交易的情况，是信息交易的直接度量指标。PIN 值的具体计算公式及计算方法，请参阅本书第二章，不再赘述。

3. 控制变量

（1）未预期盈余。Ke 和 Ramalingegowda（2005）研究表明，交易活跃的机构投资者会根据未预期盈余的方向来调整其头寸。未预期盈余反映了该盈余公告的利好程度（也有可能是亏损），对投资者行为和超额收益均有影响。

根据 Bernard 和 Thomas（1989）的方法计算未预期盈余指标。定义标准化的未预期盈余（$ES_{i,t}$）为实际每股盈余减去预期每股盈余，再除以前 8 个季度每股盈余的标准差，即：

$$ES_{i,t} = \frac{Earn_{i,t} - E(Earn_{i,t})}{\sigma(Earn_{i,t})} \tag{5-7}$$

其中，$Earn_{i,t}$为实际每股盈余，E（$Earn_{i,t}$）为预期每股盈余，σ（$Earn_{i,t}$）为（t-8，t-1）这 8 个季度每股盈余的标准差。预期每股盈余用季度随机游走模型进行估算：

$$E(Earn_{i,\ t}) = Earn_{i,\ t-4} + \sum_{n=1}^{8}(Earn_{i,\ t-n} - Earn_{i,\ t-n-4})/8 \tag{5-8}$$

未预期盈余反映了实际盈余与预期盈余之间的标准化差异。当该指标为正时，说明有正向的未预期盈余，即有未预期到的利好消息出现；反之，当该指标为负时，说明有负向的未预期盈余，即有未预期到的利空消息出现，或者实际的利好消息未达到预期程度。

（2）盈余公告前超额收益。Jegadeesh 和 Titman（1993）的研究结果表明，投资者可能利用惯性效应，采取动量策略进行操作以获取超额收益，所以盈余公告前的超额收益可能会与盈余公告后的超额收益存在关系。采用公告日前［-T，-t］日的超额收益，即 $CAR_{[-T,-t]}$作为控制惯性效应的变量，其计算方法与本小节中超额收益的计算方法一致。

三、样本选择及数据来源

考虑到重要研究指标均需要高频交易数据，数据量比较大，而沪深 300 成分股覆盖沪深市场六成左右的市值，具有良好的市场代表性。因此样本选取 2013 年 6 月调整的沪深 300 成分股为研究样本，研究期间为 2011 年 1 月 1 日至 2013 年 12 月 31 日，采用季度数据，收集样本股在样本期间内的所有季度盈余公告日。经过筛选，剔除了因停盘或未上市等原因导致公告日前后的股价缺失，无法计算超额收益 CAR 以及信息交易概率 PIN 值的公告日后，最后得到 287 只股票，共 2728 个样本公告日。

高频数据来自新浪财经，是日内每笔交易数据，平均每年每只股票将近有 240 个交易日文件，主要数据项有交易方向（即买、卖盘）、成交金额；日数据、周数据、月数据及季度数据来自锐思数据库，主要数据项有：日收益率、日收盘价、周换手率、月市值、季度盈余公告日及每股收益率等；Fama-French 三因子数据也来源于锐思数据库。

四、研究方法

1. 事件研究法

采用事件研究法研究盈余公告前后信息交易对股票超额收益的影响。选取 2011~2013 年样本股的所有季度盈余公告日为事件发生时点，即 0 时刻，事件窗口期为［-T，T］日，t 为［0，T］之间的某一时刻，估计窗口为［-200，-60］，如图 5-1 所示。

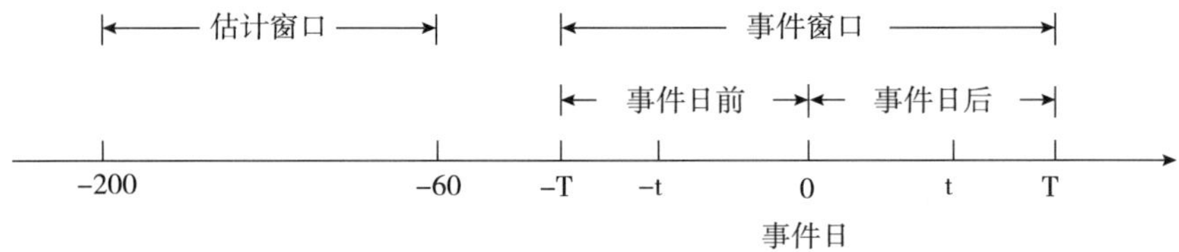

图 5-1 事件研究示意

在计算公告日后超额收益 $CAR_{[t,T]}$时，取 t=0，T=1 来验证次日效应，取 t=2，T=6，11，21，61 来分别验证周效应、月效应和季度效应；在计算公告日前超额收益 $CAR_{[-T,-t]}$时，取 T=5，10，20，60，t=1 来验证是否存在惯性效应；超额收益采用的估计窗口期为［-200，-60］；计算机构投资者的异常净交易指标 $InsNT_{i,t}$时，选取与超额收益相应的时间段来观察事件日前后的机构投资者买卖情况；计算未预期盈余 ES 时，选取 2008 年一季度起往后的 8 个季度为估计期估算预期每股盈余与标准差；信息交易概率 PIN 值采用的是窗口期为［-20，-1］及［-60，-1］。

2. 截面回归法

（1）机构投资者异常净交易对超额收益的影响。因计算未预期盈余时采用季度数据，季度的信息交易概率 $PIN_{[-60,-1]}$也相对较为准确，故选取公告日后 60 日的超额收益 $CAR_{[0,60]}$作为被解释变量；解释变量 $InsNT_{[-T,-t]}$为机构投资者异常净交易指标，引入该变量检验机构投资者在盈余公告日前的强买强卖程度对盈余公告日后超额收益的影响，也可以观察机构投资者是否在盈余公告前就得到相关信息从而进行买入卖出操作，以获取公告日后的超额收益。

首先根据假设 1 及变量介绍建立了回归模型 1，如式（5-9）所示：

$$CAR^{i}_{[0,60]} = a_i + b_i \times InsNT^{i}_{[-T,-t]} + c_{1i} \times ES^{i}_{1} + c_{2i} \times ES^{i}_{2} + c_{4i} \times ES^{i}_{4} + c_{5i} \times ES^{i}_{5} + d_i \times CAR^{i}_{[-T',-t]} + \sigma_i \quad (5-9)$$

其中，$CAR_{[0,60]}$为公告日至第 60 日的超额收益；$InsNT_{[-T,-t]}$（t=1，T=10，20，60）为机构投资者异常净交易指标，T=10 代表短期，T=20 代表中期，T=60 代表长期；ES_k（k=1，2，4，5）为控制未预期盈余效应的 4 个哑变量，按照未预期盈余 ES 从小到大分为 5 组（ES_1 和 ES_5 分别代表未预期盈余最小组与未预期盈余最大组），如该股票某公告日 ES 在最小组，则 ES_1 为 1，ES_2、ES_4、ES_5 均为 0，在其他组亦然；控制变量 $CAR_{[-T,-t]}$表示事件日前的超额收益，T'=5，10，20，60，t=1，为控制惯性效应的哑变量；a_i为一个常量；σ_i为扰动项。

（2）信息交易概率对超额收益的影响。由于 $InsNT_{i,t}$只是机构投资者信息交易的一个间接度量指标，故模型 1 的回归结果只能间接说明机构投资者信息交易对超额收益的影响。为了进一步检验机构投资者信息交易对股票超额收益的影响，本书引入了信息交易的直接度量指标 PIN，单独观察信息交易概率对超额收益的影响来验证假设 2，得到回归模型 2，如式（5-10）所示：

$$CAR^{i}_{[0,60]} = a_i + b_i \times PIN^{i}_{[-T_1,-t]} + c_{1i} \times ES^{i}_{1} + c_{2i} \times ES^{i}_{2} + c_{4i} \times ES^{i}_{4} + c_{5i} \times ES^{i}_{5} + d_i \times CAR^{i}_{[-T',-t]} + \sigma_i \quad (5-10)$$

其中，$PIN_{[-T,-t]}$(t=1，T_1=20，60)表示相应窗口期的信息交易概率，其余变量意义与式(5-9)中的一致。

（3）机构投资者异常净交易下信息交易概率对超额收益的影响。模型 3 在模型 2 的基础上引入了投资者的异常净交易指标与信息交易概率的交叉项 $InsNT_{[-T,-t]} \times PIN_{[-T,-t]}$，此时 $InsNT_{[-T,-t]}$代表的是机构投资者的异常净交易行为，不将其看作信息交易的间接度量指标。模型 3 检验信息交易概率对超额收益的作用是否受到机构投资者异常净交易行为的影响，如式(5-11)所示：

$$CAR^{i}_{[0,60]} = a_i + b_{1i} \times ES^{i}_{1} + b_{2i} \times ES^{i}_{2} + b_{4i} \times ES^{i}_{4} + b_{5i} \times ES^{i}_{5} + c_i \times CAR^{i}_{[-T',-t]} + d_i \times$$

$InsNT^{i}_{[-T,-t]}+e_i\times PIN^{i}_{[-T_1,-t]}+f_i\times InsNT^{i}_{[-T,-t]}\times PIN^{i}_{[-T_1,-t]}+\sigma_i$ (5-11)

其中，$PIN_{[-T,-t]}$($t=1$，$T_1=20$，60)表示相应窗口期的信息交易概率，其余变量意义与式（5-9）中的一致。

3. 机构投资者的划分标准

相对个体投资者而言，机构投资者具有资金、人才的优势，具有很强的信息处理能力，因而他们具有信息优势，即具有自己的“私有信息”。因此需要运用一定的标准划分机构投资者和个人投资者，将机构投资者的交易分离出来。

我国证券市场是散户市场，每日交易中有很大一部分交易都来自个人投资者，机构投资者交易笔数可能相对较少。采用日内实时买卖盘的高频数据，可以计算出每只股票每日每一买盘和卖盘的成交金额，将每笔成交金额从小到大进行排序，选择成交金额的80%分位数作为划分标准，80%分位数往后的交易即算作机构投资者交易，由此得到该只股票该日的机构投资者买入和卖出交易额。

徐龙炳（2005）将由于划分标准问题而导致的误判分为两种类型：Ⅰ类错误定义为个人投资者被划入机构投资者的概率，Ⅱ类错误定义为机构投资者被划入个人投资者的概率，并表明提高分位点可以降低Ⅰ类错误。同时，本章对减少Ⅰ类错误和研究样本减少两者进行权衡，最后选取了80%分位数这一区分标准。为了检验其稳健性，减少Ⅰ类错误，也选用成交金额的90%分位数作为分离标准进行稳健性检验。

这里分离方法没有像以往的文献一样对股票进行全样本的统一划分，而是对每只股票进行分别划分，相当于是在控制了股票价格的基础上，按照交易金额划分的一种方法，同样考虑股票的价值和交易量，区分得更为准确。

第三节 实证检验及分析

通过分组观察公告日前机构投资者异常净交易指标 $InsNT_{[-T,-t]}$ 对公告日

后超额收益 $CAR_{[t,T]}$ 的影响来初步判断机构投资者是否可能存在信息交易，并通过再分组检验是否存在惯性效应和未预期盈余效应。但是分组的结果并不能明确观察出公告日前 $InsNT_{[-T,-t]}$ 与公告日后 $CAR_{[t,T]}$ 的关系，可能存在信息遗漏现象，故本部分采用多变量线性回归进一步研究两者关系。描述性统计及分组分析如附录 C 所示。

在月及以内的窗口期（[0，1]、[2，6]、[2，11] 和 [2，21]），盈余公告日后的超额收益与公告日前的机构投资者强买或强卖操作的关系并不明显，故本部分选用公告日后 60 日超额收益 $CAR_{[0,60]}$ 作为被解释变量，$InsNT_{[-10,-1]}$、$InsNT_{[-20,-1]}$ 和 $InsNT_{[-60,-1]}$ 分别作为短期、中期和长期窗口的解释变量进行验证。

一、机构投资者异常净交易对超额收益的影响

将样本按照模型 1 进行回归，被解释变量为公告日至第 60 天的超额收益 $CAR_{[0,60]}$，解释变量中的 $InsNT_{[-T,-t]}$ 和 $CAR_{[-T,-t]}$ 取 10 日、20 日和 60 日分别代表短期、中期、长期的效应进行三个回归，得到的回归系数如表 5-1 所示。

表 5-1　机构投资者异常净交易对超额收益影响的回归结果

回归 1	截距项	$InsNT_{[-10,-1]}$	$CAR_{[-10,-1]}$	ES_1	ES_2	ES_4	ES_5
系数	0.0162**	0.0074**	0.0435	−0.0164**	−0.0163**	−0.0073	−0.0227**
T 值	3.17	2.33	1.57	−2.27	−2.25	−1.00	−3.14
回归 2	截距项	$InsNT_{[-20,-1]}$	$CAR_{[-20,-1]}$	ES_1	ES_2	ES_4	ES_5
系数	0.0164**	0.0057**	0.0199	−0.0168**	−0.0161**	−0.0072	−0.0228**
T 值	3.20	2.67	0.82	−2.32	−2.22	−1.00	−3.16
回归 3	截距项	$InsNT_{[-60,-1]}$	$CAR_{[-60,-1]}$	ES_1	ES_2	ES_4	ES_5
系数	0.0166**	0.0005	0.0569**	−0.0167**	−0.0163**	−0.0078	−0.0232**
T 值	3.25	0.45	2.77	−2.31	−2.26	−1.08	−3.21

注：**代表在 5%的水平上显著，*代表在 10%的水平上显著。

从表 5-1 中可以看出：

（1）在公告日前短期（10 日）和中期（20 日）窗口，机构投资者异常净交易对公告日后 60 日的超额收益有较为显著的正向影响。即在公告日前短期和中期发生强买的股票其公告日后 60 日会有正向的收益；反之，发生强卖的股票其公告日后 60 日则有负向的收益。这样的结果与假设相符，机构投资者在盈余公告前的异常净交易对盈余公告后的超额收益有正向影响；机构投资者可能存在信息交易，在公告日前就有私有信息，根据私有信息进行对其有利的买入操作得到正向的超额收益，或卖出操作避免负向的超额收益造成损失。用于控制惯性效应的公告日前超额收益 $CAR_{[-10,-1]}$ 和 $CAR_{[-20,-1]}$ 的系数均为正，但是并不显著，说明超额收益可能具有持续性，但是惯性效应并不显著。用于控制未预期盈余效应的 4 个哑变量系数均为负，其中 ES_1 和 ES_2 的系数显著为负，说明未预期盈余较小甚至为负的两组样本股其公告日后 60 日的超额收益较小，与预期相符；然而未预期盈余较大的两组 ES_4 和 ES_5 的系数也为负并且 ES_5 有较好的显著性，这与理论和预期不符。这样的结果说明在中国股市，无论未预期盈余是正向还是负向，其对超额收益的影响均为负，可能是因为机构投资者并没有较多关注未预期盈余，关注的可能是诸如投资者结构等因素。

（2）在公告日前长期（60 日）窗口，机构投资者异常净交易对公告日后 60 日的超额收益有正向的影响，但是 t 值为 0.45，并不显著，并不能推测机构投资者利用私有信息获取超额收益。用于控制惯性效应的公告日前超额收益 $CAR_{[-60,-1]}$ 具有显著的正向系数，说明在长期窗口可以观察到惯性效应。用于控制未预期盈余效应的 4 个哑变量的情况与短、中期窗口的情况相似。

二、信息交易概率对超额收益的影响

本部分考察信息交易概率 $PIN_{[-T,-t]}$ 对公告日后超额收益的影响，根据模型 2 进行回归。由于信息交易概率 $PIN_{[-T,-t]}$ 的计算对窗口期的长度有所要求，10 日的窗口期太短，会导致计算结果很不准确，故本部分只在中期和长期的回归式中加入相应窗口期的 PIN 进行回归，回归结果如表 5-2 所示。

表 5-2 信息交易概率对超额收益影响的回归结果

回归 1	截距项	$PIN_{[-20,-1]}$	$CAR_{[-20,-1]}$	ES_1	ES_2	ES_4	ES_5
系数	0.0225**	-0.0324*	0.0214	-0.0174**	-0.0165**	-0.0076	-0.0230**
T 值	3.56	-1.67	0.88	-2.40	-2.28	-1.05	-3.18
回归 2	截距项	$PIN_{[-60,-1]}$	$CAR_{[-60,-1]}$	ES_1	ES_2	ES_4	ES_5
系数	0.0175**	-0.0047	0.0573**	-0.0168**	-0.0163**	-0.0078	-0.0231**
T 值	2.54	-0.20	2.80	-2.32	-2.26	-1.08	-3.20

注：**代表在 5%的水平上显著，*代表在 10%的水平上显著。

从表 5-2 中可以看出：

（1）在公告日前中期（20 日）窗口，控制变量 $CAR_{[-20,-1]}$ 及未预期盈余效应的各个哑变量系数的正负及显著性与模型 1 的回归结果相似，没有较大的改变。$PIN_{[-20,-1]}$ 系数为负，说明信息交易概率越大，超额收益越小，这与理论预期不符。出现这种结果的原因可能是由于本书所计算的 PIN 值为公告日前的 PIN 值，而非与公告日后超额收益窗口期一致的 PIN 值，故与以往文献的检验结果有所不同。

韩立岩等（2008）以沪市股票为研究对象检验信息交易概率的风险定价能力时，也发现在我国股票市场上信息交易概率具有负向的解释力，他们认为，出现这种结果的根本原因是我国股市投资者结构的特殊性和赢利模式的单一性。从信息交易概率 PIN 的表达式来看，PIN 表示的是具有私有信息的交易者占全部交易者的比例，PIN 越小，说明有信息的交易者越少，信息量越大，则其更容易获得超额收益；反之，PIN 值越大，说明有信息的交易者越多，信息量越少，则其获得的超额收益也较为有限；当 PIN 值接近于 1 时，意味着几乎市场上的所有交易者都得到了“私有信息”，那么“私有信息”就成为公开信息，也就不能利用它获取超额收益。但信息交易概率 $PIN_{[-20,-1]}$ 的 t 值为-1.67，只在 10%的水平上显著。

（2）在公告日前长期（60 日）窗口，各个控制变量的基本情况与模型 1 的回归结果也相似，信息交易概率系数与中期（20 日）窗口一样为负，但是 t 值仅为-0.20，并不显著。

三、机构投资者异常净交易下信息交易概率对超额收益的影响

本节第二部分发现信息交易概率与超额收益负相关，与国内外相关的文献结论不一致，而本节第一部分发现机构投资者异常净交易与超额收益正相关，故加入机构投资者异常净交易与信息交易概率的交叉项 $InsNT_{[-T,-t]} \times PIN_{[-T,-t]}$，对形成的模型 3 进行回归分析，进一步深入检验信息交易概率对超额收益的影响，是否受到机构投资者异常净交易的作用。

同时，由于 $InsNT_{[-T,-t]}$ 代表的是机构投资者发生强买或强卖异常交易（这些异常交易可能基于私有信息，也可能有部分基于流动性需求等其他原因）的比例，则其与信息交易概率的交叉项可以看作是基于私有信息的机构投资者异常净交易，也可以进一步验证机构投资者是否根据私有信息进行对其有利的买入操作得到正向的超额收益，或卖出操作避免负向的超额收益造成损失。在中期和长期的回归式中加入相应窗口期的 $InsNT_{[-T,-t]} \times PIN_{[-T,-t]}$ 进行回归，回归结果如表 5-3 所示。

表 5-3　机构投资者异常净交易下信息交易概率对超额收益影响的回归结果

回归 1	截距项	$CAR_{[-20,-1]}$	ES_1	ES_2	ES_4	ES_5	$InsNT_{[-20,-1]}$	$PIN_{[-20,-1]}$	$InsNT_{[-20,-1]} \times PIN_{[-20,-1]}$
系数	0.0224**	0.0200	-0.0169**	-0.0163**	-0.0074	-0.0227**	0.0039	-0.0320*	0.0104
T 值	3.55	0.82	-2.34	-2.25	-1.03	-3.15	1.10	-1.65	0.63
回归 2	截距项	$CAR_{[-60,-1]}$	ES_1	ES_2	ES_4	ES_5	$InsNT_{[-60,-1]}$	$PIN_{[-60,-1]}$	$InsNT_{[-60,-1]} \times PIN_{[-60,-1]}$
系数	0.0172**	0.0576**	-0.0170**	-0.0169**	-0.0084	-0.0229**	-0.0046*	-0.0028	0.0265**
T 值	2.50	2.81	-2.35	-2.33	-1.16	-3.17	-1.72	-0.12	2.13

注：** 代表在 5%的水平上显著，* 代表在 10%的水平上显著。

从表 5-3 中可以看出：

（1）在公告日前中期（20 日）窗口，控制惯性效应的变量 $CAR_{[-20,-1]}$ 及

控制未预期盈余效应的各个哑变量系数的正负及显著性与模型 1 及模型 2 的回归结果相似，没有较大的改变。

解释变量 $PIN_{[-20,-1]}$ 的回归系数与模型 2 的回归结果相比值的大小与显著性都没有明显变化，但是机构投资者异常净交易指标 $InsNT_{[-20,-1]}$ 的系数与模型 1 的回归结果相比值也有所减小，而且显著性大大降低，这可能是因为交叉项 $InsNT_{[-20,-1]} \times PIN_{[-20,-1]}$ 的存在吸收了 $InsNT_{[-20,-1]}$ 一部分的解释能力。交叉项 $InsNT_{[-20,-1]} \times PIN_{[-20,-1]}$ 的系数为正，但是对超额收益并没有显著作用。

（2）在公告日前长期（60 日）窗口，控制变量的基本情况与模型 1 及模型 2 的回归结果也相似，解释变量 $PIN_{[-60,-1]}$ 的系数与模型 2 的结果相似，依然为负且显著性较差。解释变量机构投资者异常净交易指标 $InsNT_{[-60,-1]}$ 的系数与模型 1 中的结果不一样，为负值，并且在 5%的水平上显著，但本书认为，由于受到交叉项的影响，即使结果显著为负，也不能说明 $InsNT_{[-60,-1]}$ 与公告日后超额收益具有负相关。

值得注意的是，交叉项 $InsNT_{[-60,-1]} \times PIN_{[-60,-1]}$ 系数为正向的 0.0265 且在 5%的水平上显著，结合整个模型 3，该系数表明一单位的 $PIN_{[-60,-1]}$ 变动会使 $CAR_{[0,60]}$ 发生 $-0.0028+0.0265InsNT_{[-60,-1]}$ 单位的变动，说明信息交易概率对超额收益的作用会受到机构投资者异常净交易的影响。当 $InsNT_{[-60,-1]}$ 值大于 0.11（0.0028/0.0265）时，$PIN_{[-60,-1]}$ 正向变动会造成 $CAR_{[0,60]}$ 正向变动，且 $InsNT_{[-60,-1]}$ 值越大，造成的 $CAR_{[0,60]}$ 正向变动程度越大，此时信息交易概率对超额收益的影响为正向，PIN 可以被看作是资产定价的一个风险因子；反之，当 $InsNT_{[-60,-1]}$ 值小于 0.11（0.0028/0.0265）时，$PIN_{[-60,-1]}$ 正向变动会造成 $CAR_{[0,60]}$ 负向变动，且 $InsNT_{[-60,-1]}$ 值越大，造成的 $CAR_{[0,60]}$ 负向变动程度越小，此时信息交易概率对超额收益的影响为负向，即 PIN 是一个包含信息量的变量，PIN 值越大，信息量越小，获得的超额收益也就越小。

另外，由于交叉项 $InsNT_{[-T,-t]} \times PIN_{[-T,-t]}$ 还可以看成是基于私有信息的机构投资者异常净交易，该结果还说明具有信息的机构投资者在公告日之前进行强买（强卖）的操作，在公告日后会得到正向的超额收益（避免负向收益的损失），进一步验证了机构投资者存在信息交易。

第四节　稳健性检验

从两个方面对研究结果进行稳健性检验：将全样本股划分为沪市样本股与深市样本股两个子样本，以区分样本股上市地点和规模进行稳健性检验；改变机构投资者的划分标准，选取成交金额的 90%分位数作为分离标准进行稳健性检验。

根据月平均市值对样本进行分组，分为大型股、中型股和小型股三组作为三个子样本，进行稳健性检验，仅给出中小股子样本的结果，结果如附录 D 所示。

一、对上证及深证子样本的稳健性检验

沪深 300 成分股属于上证和深证市场，信息交易程度和影响可能不同，故全样本按照股票上市地点分为上证子样本和深证子样本，进行稳健性检验，子样本均指上证及深证子样本。

1. 子样本机构投资者异常净交易对超额收益的影响

按照模型 1 对上证和深证的子样本分别进行回归，被解释变量为公告日至第 60 天的超额收益 $CAR_{[0,60]}$，解释变量 $InsNT_{[-T,-t]}$ 和控制变量 $CAR_{[-T,-t]}$ 取公告日前 10 日、20 日和 60 日分别代表短期、中期、长期的效应进行三个回归，结果如表 5-4 所示。

表 5-4　子样本机构投资者异常净交易对超额收益影响的回归结果

上证子样本							
回归 1	截距项	$InsNT_{[-10,-1]}$	$CAR_{[-10,-1]}$	ES_1	ES_2	ES_4	ES_5
系数	0.0275**	0.0057	0.0744**	-0.0176**	-0.0192**	-0.0110	-0.0159*
T 值	4.46	1.38	2.62	-2.01	-2.18	-1.26	-1.80
回归 2	截距项	$InsNT_{[-20,-1]}$	$CAR_{[-20,-1]}$	ES_1	ES_2	ES_4	ES_5
系数	0.0275**	0.0020	0.0207	-0.0181**	-0.0188**	-0.0108	-0.0156*

续表

上证子样本							
T 值	4.46	0.73	0.66	-2.05	-2.14	-1.23	-1.76
回归 3	截距项	$InsNT_{[-60,-1]}$	$CAR_{[-60,-1]}$	ES_1	ES_2	ES_4	ES_5
系数	0.0272**	-0.0023	0.0914**	-0.0174**	-0.0184**	-0.0113	-0.0158*
T 值	4.42	-1.56	3.45	-1.99	-2.10	-1.29	-1.79
深证子样本							
回归 1	截距项	$InsNT_{[-10,-1]}$	$CAR_{[-10,-1]}$	ES_1	ES_2	ES_4	ES_5
系数	-0.0089	0.0099**	-0.0422	-0.0115	-0.0084	0.0018	-0.0304**
T 值	-0.99	2.06	-1.25	-0.92	-0.67	0.14	-2.49
回归 2	截距项	$InsNT_{[-20,-1]}$	$CAR_{[-20,-1]}$	ES_1	ES_2	ES_4	ES_5
系数	-0.0085	0.0121**	-0.0065	-0.0108	-0.0074	0.0022	-0.0306**
T 值	-0.95	3.54	-0.17	-0.95	-0.59	0.17	-2.50
回归 3	截距项	$InsNT_{[-60,-1]}$	$CAR_{[-60,-1]}$	ES_1	ES_2	ES_4	ES_5
系数	-0.0087	0.0053**	-0.0114	-0.0114	-0.0075	0.0023	-0.0308**
T 值	-0.97	2.85	-0.36	-0.92	-0.60	0.19	-2.52

注：**代表在 5%的水平上显著，*代表在 10%的水平上显著。

从表 5-4 中可以看出：上证子样本的机构投资者异常净交易指标的系数在三个窗口期都不显著，甚至在公告日前长期（60 日）窗口其系数为负；事件日前的超额收益 $CAR_{[-10,-1]}$ 以及 $CAR_{[-60,-1]}$ 的系数显著为正，说明上证子样本的事件日后超额收益主要是与股票的惯性效应相关。深证子样本的回归结果与全样本的回归结果基本一致，机构投资者异常净交易指标的系数都在 5%的水平上显著，说明盈余公告日后的超额收益与机构投资者异常净交易正相关，机构投资者可能存在信息交易；两个控制变量的系数几乎都不显著（只有 ES_5 显著为负）。

2. 子样本信息交易概率对超额收益的影响

本部分考察信息交易概率 PIN 值对公告日后超额收益的影响。本部分根据模型 2 对子样本进行回归分析，仍然只在中期和长期的回归式中加入相应窗口期的 $PIN_{[-T,-t]}$ 进行回归，回归结果如表 5-5 所示。

表 5-5　子样本信息交易概率对超额收益影响的回归结果

上证子样本							
回归 1	截距项	$PIN_{[-20,-1]}$	$CAR_{[-20,-1]}$	ES_1	ES_2	ES_4	ES_5
系数	0.0361**	−0.0452**	0.0218	−0.0188**	−0.0195**	−0.0113	−0.0158*
T 值	4.81	−2.03	0.69	−2.14	−2.22	−1.29	−1.79
回归 2	截距项	$PIN_{[-60,-1]}$	$CAR_{[-60,-1]}$	ES_1	ES_2	ES_4	ES_5
系数	0.0278**	−0.0010	0.0889**	−0.0176**	−0.0188**	−0.0116	−0.0163*
T 值	3.38	−0.03	3.36	−2.01	−2.14	−1.33	−1.85
深证子样本							
回归 1	截距项	$PIN_{[-20,-1]}$	$CAR_{[-20,-1]}$	ES_1	ES_2	ES_4	ES_5
系数	−0.0087	0.0048	−0.0081	−0.0130	−0.0088	0.0012	−0.0310**
T 值	−0.76	0.13	−0.21	−1.04	−0.71	0.10	−2.52
回归 2	截距项	$PIN_{[-60,-1]}$	$CAR_{[-60,-1]}$	ES_1	ES_2	ES_4	ES_5
系数	−0.0079	0.0002	−0.0094	−0.0131	−0.0088	0.0012	−0.0311**
T 值	−0.64	0.00	−0.29	−1.05	−0.70	0.10	−2.53

注：**代表在 5%的水平上显著，*代表在 10%的水平上显著。

从表 5-5 中可以看出：上证子样本的信息交易概率在公告日前中期（20 日）窗口对盈余公告日后的超额收益有显著的负向影响，但是在公告日前长期（60 日）窗口并不显著，与全样本的回归结果基本一致，即 PIN 在中期窗口可能作为一个包含信息量的变量，对超额收益产生负向影响。深证子样本的信息交易概率在中期和长期窗口系数均为正，并且不显著，与全样本的回归结果不同。

3. 子样本机构投资者异常净交易下信息交易概率对超额收益的影响

加入机构投资者异常净交易与信息交易概率的交叉项。根据模型 3 对子样本进行回归分析，以检验信息交易概率对超额收益的影响，是否受到机构投资者异常净交易的作用。只对中期和长期回归时加入交叉项 $InsNT_{[-T,-t]} \times PIN_{[-T,-t]}$，回归结果如表 5-6 所示。

表 5-6 子样本机构投资者异常净交易下信息交易概率对超额收益影响回归结果

上证子样本									
回归 1	截距项	$CAR_{[-20,-1]}$	ES_1	ES_2	ES_4	ES_5	$InsNT_{[-20,-1]}$	$PIN_{[-20,-1]}$	$InsNT_{[-20,-1]}\times PIN_{[-20,-1]}$
系数	0.0369**	0.0209	-0.0184**	-0.0195**	-0.0110	-0.0154*	-0.0060	-0.0494**	0.0427
T 值	4.90	0.66	-2.09	-2.21	-1.25	-1.75	-1.01	-2.19	1.48
回归 2	截距项	$CAR_{[-60,-1]}$	ES_1	ES_2	ES_4	ES_5	$InsNT_{[-60,-1]}$	$PIN_{[-60,-1]}$	$InsNT_{[-60,-1]}\times PIN_{[-60,-1]}$
系数	0.0265**	0.0921**	-0.0178**	-0.0192**	-0.0119	-0.0156*	-0.0086**	0.0034	0.0320**
T 值	3.23	3.48	-2.03	-2.19	-1.36	-1.77	-2.54	0.12	2.07
深证子样本									
回归 1	截距项	$CAR_{[-20,-1]}$	ES_1	ES_2	ES_4	ES_5	$InsNT_{[-20,-1]}$	$PIN_{[-20,-1]}$	$InsNT_{[-20,-1]}\times PIN_{[-20,-1]}$
系数	-0.0108	-0.0066	-0.0109	-0.0074	0.0023	-0.0304**	0.0120**	0.0122	0.0012
T 值	-0.95	-0.18	-0.87	0.60	0.18	-2.48	2.72	0.32	0.06
回归 2	截距项	$CAR_{[-60,-1]}$	ES_1	ES_2	ES_4	ES_5	$InsNT_{[-60,-1]}$	$PIN_{[-60,-1]}$	$InsNT_{[-60,-1]}\times PIN_{[-60,-1]}$
系数	-0.0088	-0.0109	-0.0115	-0.0077	0.0019	-0.0306**	0.0023	0.0009	0.0160
T 值	-0.72	-0.34	-0.92	-0.62	0.15	-2.48	0.54	0.02	0.79

注：** 代表在 5%的水平上显著，* 代表在 10%的水平上显著。

从表 5-6 中可以看出：上证子样本的回归结果与全样本的回归结果基本一致，在公告日前的中期（20 日）窗口交叉项 $InsNT_{[-20,-1]}\times PIN_{[-20,-1]}$ 的系数为正，但是不显著，而在公告日前的长期（60 日）窗口，交叉项 $InsNT_{[-60,-1]}\times PIN_{[-60,-1]}$ 系数为正且在 5%的水平上显著，说明信息交易概率对超额收益的影响会受到机构投资者异常净交易的作用，且具有一定的稳健性。深证子样本无论在中期（20 日）窗口还是长期（60 日）窗口，交叉项 $InsNT_{[-20,-1]}\times PIN_{[-20,-1]}$ 的系数均为正但不显著，说明深证子样本的稳健性较差。

4. 结论分析

本小节将全样本按照股票上市的地点不同分为上证子样本和深证子样本，对模型 1、模型 2、模型 3 进行回归，测试模型的稳健性。结果发现，上证子样本的机构投资者异常净交易指标 $InsNT_{[-T,-t]}$ 对超额收益的影响不显著，但是信息交易概率 $PIN_{[-20,-1]}$ 以及长期（60 日）窗口的交叉项 $InsNT_{[-60,-1]} \times PIN_{[-60,-1]}$ 对超额收益有显著影响，并且方向与全样本的回归系数一致，说明上证子样本具有一定稳健性。深证子样本与上证子样本的回归结果相反，机构投资者异常净交易指标 $InsNT_{[-T,-t]}$ 对超额收益具有显著的正向影响，与全样本一致，但是信息交易概率 $PIN_{[-T,-t]}$ 以及交叉项 $InsNT_{[-T,-t]} \times PIN_{[-T,-t]}$ 对超额收益的影响并不显著。

二、机构投资者划分标准的稳健性检验

由于不能直接得到机构投资者的数据，选取划分标准难免会造成 I 类及 Ⅱ类错误。较低的分位点可以增加所需的样本数，尽可能地将结果的偏差减小，但降低分位点的同时也将犯 I 类错误的可能性提高了。故本书在稳健性检验部分选取了成交金额的 90%分位数作为分离标准进行稳健性检验，以减小 I 类错误的可能。

当以 90%分位数为划分标准时，机构投资者的异常净交易指标的描述性统计不在此处赘述（见附录 C）。此外，由于分组分析只是进行初步的观察，可能进行新划分标准下的分组分析不会产生明显变化，意义不大，故在进行下一步研究时，直接采用结果较为直观的回归分析，观察机构投资者信息交易与公告日后超额收益的关系。

1. 90%标准下机构投资者异常净交易对超额收益的影响

在新标准下首先按照模型 1 进行回归，被解释变量为公告日至第 60 天的超额收益 $CAR_{[0,60]}$，解释变量 $InsNT_{[-T,-t]}$ 和控制变量 $CAR_{[-T,-t]}$ 取 10 日、20 日和 60 日分别代表短期、中期、长期的效应进行三个回归，得到的回归系数如表 5-7 所示。

表 5-7 90%标准下机构投资者异常净交易对超额收益影响的回归结果

回归 1	截距项	$InsNT_{[-10,-1]}$	$CAR_{[-10,-1]}$	ES_1	ES_2	ES_4	ES_5
系数	0.0162**	0.0065**	0.0351	-0.0164**	-0.0164**	-0.0073	-0.0227**
T 值	3.17	2.42	1.60	-2.27	-2.26	-1.00	-3.15
回归 2	截距项	$InsNT_{[-20,-1]}$	$CAR_{[-20,-1]}$	ES_1	ES_2	ES_4	ES_5
系数	0.0164**	0.0049**	0.0202	-0.0168**	-0.0160**	-0.0073	-0.0229**
T 值	3.21	2.73	0.83	-2.32	-2.21	-1.00	-3.17
回归 3	截距项	$InsNT_{[-60,-1]}$	$CAR_{[-60,-1]}$	ES_1	ES_2	ES_4	ES_5
系数	0.0166**	0.0006	0.0569**	-0.0167**	-0.0163**	-0.0078	-0.0232**
T 值	3.25	0.59	2.77	-2.31	-2.25	-1.08	-3.22

注：**代表在 5%的水平上显著，*代表在 10%的水平上显著。

从表 5-7 中可以看出：

（1）在 90%分位数作为分离标准时，机构投资者异常净交易对超额收益影响的回归结果与 80%分位数作为分离标准时的回归结果基本相同。即在公告日前短期（10 日）和中期（20 日）窗口，机构投资者异常净交易对公告日后 60 日的超额收益有较为显著的正向影响，说明机构投资者可能在公告日前就有私有信息，根据私有信息进行对其有利的买入操作得到正向的超额收益，或卖出操作避免负向的超额收益造成损失。

（2）用于控制惯性效应的公告日前超额收益 $CAR_{[-10,-1]}$ 和 $CAR_{[-20,-1]}$ 的系数仍然都为正，并且不显著，说明惯性效应并不显著。

（3）用于控制未预期盈余效应的 4 个哑变量系数也仍然均为负。在公告日前长期（60 日）窗口，机构投资者异常净交易对公告日后 60 日的超额收益有正向的影响，t 值由 0.45 提高为 0.59，但是仍然不显著，其他控制变量的系数也没有较大改变。

2. 90%标准下机构投资者异常净交易下信息交易对超额收益的影响

加入 90%分位数分离标准下的机构投资者异常净交易指标与信息交易概

率的交叉项。对模型3进行回归分析，检验信息交易概率对超额收益的影响，是否受到机构投资者异常净交易的作用。在中期和长期的回归式中加入相应窗口期的 $InsNT_{[-T,-t]} \times PIN_{[-T,-t]}$ 进行回归，回归结果如表5-8所示。

表5-8　90%标准下机构投资者异常净交易下信息交易概率对超额收益影响的回归结果

回归1	截距项	$CAR_{[-20,-1]}$	ES_1	ES_2	ES_4	ES_5	$InsNT_{[-20,-1]}$	$PIN_{[-20,-1]}$	$InsNT_{[-20,-1]} \times PIN_{[-20,-1]}$
系数	0.0224**	0.0202	-0.0169**	-0.0162**	-0.0075	-0.0228**	0.0032	-0.0317*	0.0094
T值	3.55	0.83	-2.34	-2.24	-1.03	-3.16	1.10	-1.63	0.68
回归2	截距项	$CAR_{[-60,-1]}$	ES_1	ES_2	ES_4	ES_5	$InsNT_{[-60,-1]}$	$PIN_{[-60,-1]}$	$InsNT_{[-60,-1]} \times PIN_{[-60,-1]}$
系数	0.0174**	0.0574**	-0.0170**	-0.0168**	-0.0083	-0.0230**	-0.0032	-0.0027	0.0194*
T值	2.52	2.80	-2.34	-2.32	-1.14	-3.19	-1.38	-0.15	1.82

注：**代表在5%的水平上显著，*代表在10%的水平上显著。

从表5-8中可以看出：

（1）在公告日前中期（20日）窗口，90%分位数分离标准下的各控制变量、解释变量及交叉项的系数和显著性与80%分位数分离标准下的结果几乎一样：交叉项 $InsNT_{[-20,-1]} \times PIN_{[-20,-1]}$ 的系数为正，但是显著性仍然比较差。

（2）在公告日前长期（60日）窗口，90%分位数分离标准下的各控制变量系数和显著性与80%分位数分离标准下的结果几乎一样，PIN值系数也依然为负，且显著性较差。

（3）解释变量 $InsNT_{[-60,-1]}$ 及交叉项 $InsNT_{[-60,-1]} \times PIN_{[-60,-1]}$ 的系数和显著性却有相对较大的变化：首先交叉项系数的值从0.0265下降到0.0194，且显著性下降，80%分位数分离标准下其系数在5%的水平上显著，90%分位数分离标准下其系数只在10%的水平上显著；其次 $InsNT_{[-60,-1]}$ 系数的值从-0.0046上升到-0.0032。

3. 结论分析

总的来说，本节选取成交金额的90%分位数作为机构投资者与个人投资者的分离标准进行稳健性检验，发现在新划分标准下，20 日窗口期的回归结果与成交金额的 80%分位数作为划分标准时的回归结果几乎没有变化，但是 60 日窗口期的回归结果显著性稍有下降。因此，从机构投资者与个人投资者的分离标准的角度来看，实证结果是基本稳健。

第五节　本章结论

一、主要结论

本章选取 2013 年 6 月调整的沪深 300 成分股在 2011～2013 年共 2728 个季度盈余公告日为样本，基于机构投资者的视角，研究了盈余公告下信息交易对股票超额收益的影响。本书选取了机构投资者异常净交易指标（InsNT）以及信息交易概率（PIN）分别作为研究信息交易的间接和直接度量指标进行实证研究，主要结论如下：

（1）盈余公告前短期和中期的机构投资者异常净交易对盈余公告日后的超额收益有正向影响，盈余公告日后 60 日的超额收益与机构投资者在盈余公告前短期（10 日）和中期（20 日）的异常净交易显著正相关，说明盈余公告前机构投资者进行强买（强卖）的股票在盈余公告后能得到正向（负向）的超额收益。

（2）信息交易概率对盈余公告日后的超额收益存在负向影响。信息交易概率是具有私有信息的交易者占全部交易者的比例，PIN 越小，说明有信息的交易者越少，信息量越大，则其更容易获得超额收益；反之，PIN 值越大，说明有信息的交易者越多，信息量越少，则其获得的超额收益也较为有限。

（3）信息交易概率对超额收益的作用会受到机构投资者异常净交易的影响。当机构投资者异常净交易值大于某一值时，信息交易概率对超额收益存在正向作用，此时 PIN 可以被看成资产定价的一个风险因子；反之，当机构投资者异常净交易值小于某一值时，信息交易概率对超额收益存在负向作用，此时 PIN 是一个包含信息量的变量，PIN 值越大，信息量越小，获得的超额收益也就越小；反之则获得的超额收益越大。结合机构投资者异常净交易与信息交易概率交叉项对超额收益的影响，机构投资者可能存在利用私有信息进行交易以获得超额收益的行为。

二、不足与展望

从本章研究过程可知：

（1）样本选取 2013 年 6 月调整的沪深 300 成分股作为研究对象，经过筛选后仅剩 287 只样本股。信息交易可能会受到公司治理及信息规范披露透明度等的影响，而沪深 300 成分股是中国证券市场上较具代表性的股票，信息透明度可能相对较好，故对研究结果也会产生一定影响。进一步研究可以扩大样本，将一些小型股纳入，甚至可以选取整个中国证券市场的股票作为研究对象进行探索。

（2）对机构投资者的划分标准仅选取成交金额的 80%分位点，并且进行了 90%分位点的稳健性检验。进一步研究可以将分位点分得更细（如从80%~90%每隔 2.5 分位进行检验，或者将上限扩展到 95%等），如果条件允许甚至可以直接从专门的数据库中得到机构投资者的交易数据，那么检验结果会更具稳定性。

参考文献

[1] Amihud, Yakov, Haim Mendelson. Asset Pricing and the Bid - ask Spread [J] . Journal of Fianacial Economics, 1986, 17 (1): 223-249.

[2] Ball R. , P. Brown. An Empirical Evaluation of Accounting Income Numbers [J]. Journal of Accounting Research, 1968, 6 (2): 159-178.

[3] Bamber L. S. . The Information Content of Annual Earnings Releases: A Trading Volume Approach [J]. Journal of Accounting Research, 1986, 24 (1): 40-56.

[4] Beaver W. H. , R. Clarke, W. F. Wright. The Association between Unsystematic Security Returns and the Magnitude of Earnings Forecast Errors [J]. Journal of

Accounting Research, 1979, 17 (2): 316-340.

[5] Bernard V. L., J. K. Thomas. Post - earnings - announcement Drift: Delayed Price Response or Risk Premium? [J]. Journal of Accounting Research, 1989, 27 (1): 1-36.

[6] Campbell J. Y., T. Ramadorai, A. Schwartz. Caught on Tape: Institutional Trading, Stock Returns, and Earnings Announcements [J]. Journal of Financial Economics, 2009, 92 (1): 66-91.

[7] Chakravarty S.. Stealth - trading: Which Traders' Trades Move Stock Prices? [J]. Journal of Financial Economics, 2001, 61 (2): 289-307.

[8] Cready W. M., P. G. Mynatt. The Information Content of Annual Reports: A Price and Trading Response Analysis [J]. The Accounting Review, 1991, 66 (2): 291-312.

[9] Easley D., Hvidkjaer S., and O'Hara M.. Is Information Risk a Determinant of Asset Returns? [J]. Journal of Finance, 2002, 57 (5): 2185-2221.

[10] Easley D., N. Kiefer, M. O'Hara, J. B. Paperman. Liquidity, Information, and Infrequently Traded Stocks [J]. The Journal of Finance, 1996, 51 (4): 1405-1436.

[11] El-Gazzar S. M.. Pre-disclosure Information and Institutional Ownership: A Cross-sectional Examination of Market Revaluations during Earnings Announcement Periods [J]. The Accounting Review, 1998, 73 (1): 119-129.

[12] Fama E., K. French. Common Risk Factors in the Returns on Stocks and Bonds [J]. Journal of Financial Economics, 1993, 33 (1): 3-56.

[13] Kaniel R. S. Liu, G. Saar S. Titman. Individual Investor Trading and Return Patterns around Earnings Announcements [J]. The Journal of Finance, 2012, 67 (2): 639-680.

[14] Ke B., S. Ramalingegowda. Do Institutional Investors Exploit the Post-earnings Announcement Drift? [J]. Journal of Accounting and Economics, 2005, 39 (1): 5-53.

[15] Korczak P., A. Tavakkol. Institutional Investors and the Information Content of Earnings Announcements: The Case of Poland [J]. Economic Systems, 2004, 28 (2): 193-208.

[16] Jegadeesh N., S. Titman. Returns to Buying Winners and Selling Losers: Implications for Stock Market Efficiency [J]. Journal of Finance, 1993, 48 (1): 45-91.

[17] Sias R. W., L. T. Starks, Sheridan Titman. Changes in Institutional Ownership and Stock Returns: Assessment and Methodology [J]. The Journal of Business, 2006, 79 (6): 2869-2910.

[18] 陈晓，陈小悦，刘钊. A 股盈余报告的有用性研究——来自上海、深圳股市的实证证据[J]. 金融研究，1999 (6): 21-28.

[19] 韩立岩，郑君彦，李东辉. 沪市知情交易概率 (PIN) 特征与风险定价能力[J]. 中国管理科学，2008 (16): 16-24.

[20] 孔东民，柯瑞豪. 谁驱动了中国股市的 PEAD? [J]. 金融研究，2007 (10): 82-99.

[21] 余佩琨，李志文，王玉涛. 机构投资者能跑赢个人投资者吗? [J]. 金融研究，2009 (8): 147-157.

[22] 徐龙炳. 中国股市机构投资者多账户交易行为研究[J]. 经济研究，2005 (2): 72-80.

[23] 王转，王国山. 上市公司盈余公告信息含量研究[J]. 合作经济与科技，2011 (5): 30-31.

第三篇　投资者异质下信息交易风险定价

第六章　基金信念差异偏离度对股票预期超额收益的影响

第二篇主要从信息交易风险视角研究信息交易对股票收益的影响，发现影响是混合的。在考虑了基本面信息如盈余公告信息发布时信息交易风险对股票收益的影响，实证结果表明交叉项 $InsNT_{[-T,-t]} \times PIN_{[-T,-t]}$ 基于私有信息的机构投资者异常净交易，在公告日后会得到正向的超额收益（避免负向收益的损失），说明具有信息的机构投资者在公告日之前进行强买（强卖）的操作，进一步验证了机构投资者存在信息交易。

本篇从机构投资者交易股票信息中度量机构投资者对股票信息的异质解读，进而研究基金持股行为（基金投资者行为）对股票超额收益的影响。主要从专业机构投资者——开放式偏股型基金信念差异如何影响股票价格和后续回报。

第六章主要研究基金信念差异偏离度对股票超额收益的影响。开放式偏股型基金在我国股改完成后急剧扩张地发展壮大，是中国证券市场最重要的专业机构投资者，同时大多数开放式基金资产积极管理，使该行业成为必不可少的信息处理器。越来越多的研究表明，交易活跃的有信息的基金经理在决定股票价格时扮演重要的角色，同时开放式基金有良好的绩效基准，根据他们的持仓及基准来度量基金们的信念差异，研究基金信念差异对股票收益的影响。

第一节　相关研究理论及文献综述

一、信念差异的含义及相关理论

1. 信念差异的含义

投资者的异质信念主要表现在以下三个阶段：投资者的先验信念、投资者信念的更新、投资者的后验信念。起初，每个投资者对股票都有一个不同的初始先验信念，就是按照自身的了解有一个初始的主观判断，随着股票价格和股票回报的变化，投资者会随着股票市价情况改变自己的主观判断，充分掌握信息，更新信念，最终形成自己投资的信念，在这三个阶段中，由于不同的投资者自身的知识、能力、喜好或一些外部不确定因素的变化，都会使投资者的信念产生异质，从而形成不同的先验、后验异质信念。

在理论上，建立了基于同质信念的传统资产定价理论，但在现实世界中显然是不符合实际的，Hong 和 Stein（2007）认为，关于同质信念的挑战来自如下三个方面：

首先，渐进信息流动。渐进信息流动是指由于信息传播机制与投资群体的差别，信息不能同一时刻到达所有投资者，有的和股票价值相关的消息会更早地来到其中一些投资者那里，这会导致这部分投资者对资产的价值在同一个情况下持不同意见，如果这些信息是好的，得到信息的那部分投资者判断股票估值将上升，未得到信息的那部分投资者判断股票估值不变，所以不同意见的投资者将增加。

其次，有限注意。投资者不可能关注所有的公开信息，往往只关注其中的一部分，甚至是很少一部分，但这些投资者因自身认知不足而并没有意识到这一点。经济生活中的信息量是很大的，因为个人的精力有限或认知本领有限，投资者不会意识到所有的公开信息，此外，投资者对不同信息的差别注意程度也不太相同，并且一些投资者由于过度自信等认知偏差力可能会忽略了一些不同于自己的判断的信息。总之，有限的关注会导致投资者异质信念。

最后，先验异质性。先验异质性是指由于投资者自身的差异性，如投资者的年龄不同、个人经历不同、风险偏好不尽相同等，即便不同投资者同时得到信息且注意到所有的新信息，也可以用来分析不同模型的这些信息，从而导致传统的资本资产定价模型的失效，无法解释许多金融异常。

2. 信念差异如何影响股票后续回报

有效市场假说理论认为，投资者无法利用已知的公开信息获得超额收益，即使股票价格可以将所有公开信息迅速反映于一个有效的资本市场上，投资者只可以得到正常收益率，这与投资组合承受的系统性风险是相对应的。然而，随着对金融市场的研究进一步深入，更多的文献研究表明，资本市场上的很多金融异象是经典资产定价模型无法解释的，很多没有办法用传统的定价理论解释，与有效市场假说理论相违背的情况便出现在实际中。例如，弱势有效市场认为，不能利用过去的价格和信息预测股票价格。Jegadeesh 和 Titman（1993）却发现股票收益在 3～12 个月内存在持续性，DeBondt 和 Thalcr 也发现长期股票价格会出现反转。追根溯源，学者们对在研究中发现经典的资产定价模型的假设前提是所有的投资者都是同质信念，产生了猜疑，因为同质信念假设未来股票收益的投资者有相同的预期。然而研究者放松了这一假定在行为金融学的前提下，认为投资者意见分歧，则基于市场的实际情况，异质信念比同质信念更符合，因为这个假设认为不同的投资者对于未来同一只股票的收益预期是不相同的。

Miller（1977）认为，在卖空限制的前提下，因为异质信念的存在，乐观的投资者会购入股票，而悲观的投资者会被市场排斥，因此股票价格反映的主要是乐观投资者的意见，这经常导致股票当期价格被高估，而之后投资者的异质信念会趋向一致，股价也会接近真实价格，使价格被高估的股票后续回报降低。

我国股票市场中的投资者可以分成以下三种：过度乐观者、过度悲观者和理性投资者。过度乐观者往往掌握大量专业知识和技能，因此他们对自己的决策能力相当自信，认为自己对股票的预测比市场上的其他投资者更加准确，所以反而会忽略一些和自己预期相违背的重要信息。过度悲观者，则是由于经验和专业知识不足，因此导致对自己的能力十分不自信，过度怀疑自己的判断和收集到的信息，这种心理同样也会影响到他们的投资决策。

二、主要文献综述

国外学者通过很多途径来构造指标以代表投资者的异质信念，以此来研究投资者的异质信念如何影响股票的收益率。例如，分析师盈利预测的分散程度（Diether et al.，2002），股票收益的波动率（Ang et al.，2006），股票交易量（Brennan et al.，1998），散户投资者行为（Goetzmann and Massa，2005），这些都曾被学者们作为反映投资者异质信念的指标。

Jiang 和 Sun（2014）、Choi 等（2009）等研究表明：当研究对象为开放式基金时，基金的异质信念和股票价格呈正相关影响。对此，有学者认为原因在于，基金经理比普通统治者拥有更专业的分析预测能力以及更广泛的信息获取资源，因此，基金经理对于股票收益率的预测更加具有专业性。但是卖空限制对于基金而言具有更高的成本，通常基金很难卖空未来预期较差的股票。因此，基金通常会选择持有未来能产生较高超额收益的股票。在基金的投资组合中，这种情况通常表现为预期收益较高的股票权重一般会高于其在基金比较基准中的权重。后续的研究结果也表明，这些股票收益率是高于其他股票的。Cremers 和 Petajisto（2009）在对美国市场的证券投资基金业绩的实证研究中发现，一般情况下，股票在主动管理型基金的投资组合中的权重与股票在该基金的比较基准中的权重存在背离。他们通过对股票权重背离的现象构造积极比例（Active Share）指标，并结合基金的跟踪误差共同反映基金管理的积极管理程度。他们发现：积极管理水平较高的基金能够显著战胜比较基准指数，而积极水平较低的基金业绩通常达不到其比较基准指数的收益水平。

张维、张永杰（2006）在 Miller（1977）的分析框架下，通过加入投资者风险厌恶假定和均值—方差分析方法，推导出在完全限制卖空的市场环境下投资者的异质信念与资产定价的关系。他们认为，资产的当期价格取决于市场中乐观投资者和悲观投资者的比例，市场中的异质信念程度越高，股票在当期越容易被高估，因此在随后的时间里将很可能取得负的收益。陈国进、张贻军和王景（2008）用意外成交量度量异质信念，以2003~2005年沪深两市上市公司为样本，检验异质信念对盈余惯性的关系，发现盈余公告后续的长期收益随着投资者对年报信息意见分歧的增大而减小。王玮（2013）考察了基金持仓量和基金交易量，发现基金持仓量和交易量都与股票收益呈正相关。这说明基金的市场交易行为对股票收益会产生一定的影响。缪世岭（2011）研究了基金季度持股数据变化和股票收益率的关系，发现持股数据的变化对当期股票的收益率没有影响，在滞后期股票的收益率则会出现过度反应，原因可能在于持股数据的公布引起了市场的跟风效应。

第二节　研究设计

一、假设提出

由于信念差异属于行为金融学，很难进行量化衡量，因此选择能够解释股票价格波动的合适的异质信念指标显得尤为重要。在以往的研究中，很多衡量异质信念的指标会受到其他因素的影响，因此这里采用 Jiang 和 Sun（2014）的研究方法，利用开放式基金的投资组合数据，构建了一个基金信念差异指标（以下记为$Disp_{i,t}$：在 t 期股票 i 在被基金 j 持有投资组合中权重与股票 i 在基金 j 投资基准中权重的差值的标准差）来衡量基金异质信念的分歧程度，进而影响股票的后续回报。基金信念差异指标反映基金信念差异水平，通过计量模型对基金信念差异对股票后续回报的影响进行实证研究，以验证基金信念差异对股票后续回报的关系。

假设1：信念差异偏离程度越大，股票预期收益越高。

随着基金持股结构变化，如果基金持股偏离其基准的程度增加，基金持股获得的超额收益就会下降，这是因为毕竟基金经理的精力是有限的，抑或集中时间和精力分析所有股票的成本上升，可能会造成较多的机会错失和错误发生，股票回报较小。因此有假设2：

假设 2：信念差异偏离程度的增量越大，股票预期收益越低。

二、变量选取

1. 解释变量——信念差异

以前的研究在盈利预测中已经使用了差异（Diether、Malloy and Scherbina，2002），如零售投资者交易中的差异（Goetzmann and Massa，2005），或像开放式基金所有者的广度这样的不直接方法来代表的信念差异。我们的关键创新包括创造测量积极型开放式基金中的信念差异的方法。为了捕捉信念差异，我们使用了一个新的工具，也就是开放式基金的活跃股份来测量经理人关于独立股市价值的信念和预期。一个给定股市开放式基金的活跃股份被定义为每个基金经理的投资组合中的或基准指数中的股票权重差异。因为开放式基金经理经常会将他们的股份和某个基准指数相绑定，衡量基准中的偏差可以捕捉到经理人关于独立股市预期收益的期望。然后我们构造信念差异方法作为一个特定股市基金活跃股份的标准偏差：

$$Disp_{i,t} = \left\{ 1/(N_i - 1) \sum_{j=1}^{N_i} \left[(w_{i,t}^{j} - w_{i,t}^{b_j}) - \overline{(w_{i,t}^{j} - w_{i,t}^{b_j})} \right] \right\}^{1/2} \qquad (6-1)$$

式（6-1）中，$w_{i,t}^{j}$是在季度 t 结束时股票 i 占基金 j 组合的权重，$w_{i,t}^{b_j}$是季度 t 结束时股票 i 占基金 j 基准组合的权重，N_i 是持有股票 i 的投资基金的数量。

$$\Delta Disp_{i,t} = Disp_{i,t} - Disp_{i,t-1} \qquad (6-2)$$

2. 被解释变量——股票预期收益

股票预期收益用实现的股票后续回报指标来度量。运用 Fama-French 三因子模型计算超额收益，用下一个月的超额收益来度量股票预期收益：

（1）运用模型计算每个样本股的三因子系数 β_i^M、β_i^S、β_i^H，回归模型如下：

$$r_{i,t} = \alpha_i^0 + \beta_i^M (MKT_t - r_{f,t}) + \beta_i^S SMB_t + \beta_i^H HML_t + \sigma_{i,t} \qquad (6-3)$$

式中，$r_{i,t}$是股票 i 在 t 期的月收益率，MKT_t表示 t 期的市场收益率，$r_{f,t}$代表无风险收益率，SMB_t为市值因子收益率，HML_t是账面市值比因子收益率，$\sigma_{i,t}$是回归残差项。

（2）将回归得到的三因子系数代入下式，得到每月的超额收益率：

$$AR_{i,t}=r_{i,t}-[\widehat{\beta_i^M}(MKT_t-r_{f,t})+\widehat{\beta_i^S}SMB_t+\widehat{\beta_i^H}HML_t] \quad (6-4)$$

首先根据股票月组合收益率前 24 个月的数据，运用 Fama–French 三因子模型回归（6–3）得到估计系数$\widehat{\beta_i^M}$、$\widehat{\beta_i^S}$、$\widehat{\beta_i^H}$，根据式（6–4）用第 25 个月的股票累计净值增长率和三因子的数据回归得到第 25 个月的超额收益率 $AR_{i,t}$。依次滚动类推得到每只股票在研究期内的超额收益率。同样可得到用前 36 个月滚动回归得到的月预期超额收益。

3. 控制变量

（1）市值。付鹏（2009）分析当时的经济情况发现，从市值投资角度看牛市中市值轮动现象非常明显，并研究了中证 500 指数和中证 100 指数这两个分类指数，以当时两者比值来看，大市值股票获取超额收益概率大。用 log $Size_{i,t}$表示，$Size_{i,t}$股票 i 在 t 月末总市值，取自然对数做处理。

（2）账面市值比。引入账面市值比作为财务报表的控制变量，用市净率的倒数来度量，用 $BM_{i,t}$表示。

$$BM_{i,t}=\frac{1}{PB_{i,t}} \quad (6-5)$$

式（6–5）中，$PB_{i,t}$表示股票 i 在 t 期末的市净率，则 $BM_{i,t}$为股票 i 在 t 期末的账面市值比。

（3）换手率。换手率即交易股数与总流通股数之比，这一指标是被大部分专家和学者采用的衡量异质信念的指标之一。换手率用$Turn_{i,t}$表示，表示股票 i 在 t 月总平均日换手率。

三、样本说明

本章样本数据主要来源于锐思数据库。样本区间选择从 2006 年 6 月至 2016 年 12 月基金持股明细数据，因股票超额收益的计算需至少早两年数据，即股票月收益及 Fama–French 三因子时间至少选择 2004 年 1 月至 2016 年 12 月。样本基金选择基准需至少有 20 家基金具有相同的投资基准，因而共有 991 只基金，其中沪深 300 指数的 812 只，中证 800 指数的 101 只，中证小盘

500 指数的 33 只，中证小盘 700 指数的 23 只，中证医药卫生指数的 22 只。共计持股 1220 只，深市 575 只，沪市 645 只。

基金持股明细的股票的月收益、Fama-French 三因子，公司特征的月数据（包括换手率、账面市值比、市值）等数据主要来自锐思数据库。开放式基金持股明细数据、股票收益和其相关数据指标以及 Fama-French 三因子数据均来自于锐思数据库。

四、模型选择

将股票后续回报作为被解释变量，以 $Disp_{i,t}$和 $\Delta Disp_{i,t}$作为解释变量，并且以换手率、市值、账面市值比作为控制变量，来研究基金信念差异对股票后续回报的影响。结合前面因素的分析，给出验证假设的多元线性回归模型如下：

$$AR_{i,t}=\alpha+\beta_1 Disp_{i,t}+\beta_2 \Delta Disp_{i,t}+\beta_3 Turn_{i,t}+\beta_4 \log Size_{i,t}+\beta_5 BM_{i,t}+\varepsilon_{i,t} \quad (6-6)$$

由于每半年的股票样本数并不固定，采用面板分析会产生很大的误差，所以采用横截面回归分析方法：

$$\begin{cases} \bar{\beta} = \dfrac{1}{T}\sum_t \hat{\beta_t} \\ Var(\beta) = \sum_t \dfrac{1}{T-1}(\hat{\beta_t} - \bar{\beta})^2 \\ t_\beta = \dfrac{\bar{\beta}}{\sqrt{Var(\beta)/T}} \end{cases} \quad (6-7)$$

如果$\bar{\beta}$为正且 t_γ 统计显著，说明存在正相关关系；如果$\bar{\beta}$为负且 t_β 统计显著，说明具有负相关关系；如果 t_β 统计值不显著，表示不存在明显相关关系。

第三节　实证分析

一、描述性统计

将全样本数据按式（6-1）及式（6-2）计算得到$Disp_{i,t}$、$\Delta Disp_{i,t}$，用式

(6-3) 滚动回归 24 个月的数据得回归系数，代入式 (6-4) 计算得到 AR 以及$BM_{i,t}$、$Turn_{i,t}$和 log $Size_{i,t}$进行描述性统计分析，结果如表 6-1 所示。

表 6-1 各变量统计性描述

	AR	Disp	ΔDisp	logSize	BM	Turn
平均值	-0.009	0.00677	7.27E-05	10.1734	0.37639	0.286888
中位数	-0.0116	0.00487	0	10.1255	0.31949	0.186133
最大值	1.78385	0.05573	0.055734	12.2635	2.17391	2.741524
最小值	-0.8316	0	-0.04365	9.014	-0.5952	7.20E-05
标准差	0.11532	0.00666	0.005764	0.44363	0.29873	0.287054
偏度	0.41524	1.13793	0.072683	0.91663	1.13185	2.370509
峰度	12.5473	4.48499	9.025308	4.50371	4.69314	10.97227

从表 6-1 中可以看出，各变量分布较集中，从标准差来看数值的离散程度较低。各变量的峰度均超过 3，正态分布性比较差。

二、信念差异对股票后续回报影响的 OLS 回归

分别用 24 个月和 36 个月滚动回归得到的股票超额收益作解释变量，解释变量依次为 Disp、ΔDisp 以及两者的交叉项，控制变量为换手率、账面市值比和市值规模，进行 OLS 回归，结果如表 6-2 所示。

表 6-2 OLS 回归结果

	被解释变量					
	24 个月			36 个月		
	(1)	(2)	(3)	(4)	(5)	(6)
Disp	0.355* (0.200)		0.617*** (0.226)	0.456** (0.200)		0.855*** (0.226)
ΔDisp		-0.273 (0.196)	-0.554** (0.222)		-0.453** (0.196)	-0.841*** (0.221)
Turn	-0.043*** (0.004)	-0.044*** (0.004)	-0.043*** (0.004)	-0.041*** (0.004)	0.042*** (0.004)	0.040*** (0.004)

续表

	被解释变量					
	24 个月			36 个月		
	(1)	(2)	(3)	(4)	(5)	(6)
BM	-0.001 (0.004)	-0.002 (0.004)	0.0001 (0.004)	-0.001 (0.004)	-0.004 (0.004)	-0.0005 (0.004)
logSize	-0.015*** (0.003)	-0.012*** (0.003)	-0.016*** (0.003)	-0.014*** (0.003)	-0.011*** (0.003)	-0.017*** (0.003)
常数	0.150*** (0.029)	0.126*** (0.026)	0.165*** (0.030)	0.148*** (0.029)	0.116*** (0.026)	0.172*** (0.030)
观测量	10，316	10，316	10，316	9，870	9，870	9，870
R^2	0.014	0.014	0.014	0.014	0.014	0.015
F 值	36.263***	35.959***	30.278***	34.272***	34.315***	30.351***

注：括号中为标准差；* 表示 $p<0.1$；** 表示 $p<0.05$；*** 表示 $p<0.01$。

从表 6-2 中可看出：

（1）无论用 24 个月还是 36 个月的预期超额收益，基金信念差异指标 $Disp_{i,t}$ 的系数均为正，24 个月对预期超额收益影响在 10%的水平上显著（系数为 0.355）；其他几个模型均在 5%或 1%的水平上显著（系数分别为 0.617、0.456 和 0.855）。这表明当信念差异的偏离度增加时，股票预期收益会增加。基金信念差异对股票收益的影响是显著为正的。这验证了假设 1。

（2）基金信念差异增量指标 $\Delta Disp_{i,t}$ 对用 24 个月计算得到的股票预期超额收益的影响不显著（系数为-0.273）；其他几个模型在 5%或 1%的水平上均显著，系数分别为-0.554、-0.453 和-0.841。这说明当信念差异偏离度增量增加时，股票预期超额收益就减少了。随着基金持股结构变化，如果基金持股偏离其基准的程度增加，基金持股获得的超额收益就会下降。毕竟基金经理的精力是有限的，集中时间和精力分析所有股票的成本上升，可能会造成较多的机会错失和错误发生，股票回报较小。这验证了假设 2。

（3）控制变量 $Turn_{i,t}$ 和 $\log Size_{i,t}$ 对股票预期收益 $AR_{i,t}$ 具有显著负的影响，存在“小公司效应”；换手率对股票预期收益影响为负，验证了“流动性溢价”。$BM_{i,t}$对股票后续回报$AR_{i,t}$影响不显著。

总的来说，同时加入基金信念差异和基金信念差异增量两个指标的模型结果最好，无论用24个月还是36个月预期超额收益样本，两者对股票预期收益影响均显著。

为分析方便，以下章节分析样本均选取用36个月预期超额收益的样本进行进一步检验分析。

三、信念差异对股票后续回报影响的横截面回归

1. 全样本横截面回归

用36个月回归得到的全样本数据，根据式（6-6）按每半年回归一次，然后根据式（6-7）计算横截面回归的系数值和t统计值，结果如表6-3所示。

表6-3 全样本横截面回归结果

	常数	Disp	ΔDisp	Turn	BM	logSize	R^2
200612	0. 355	0. 063	−0. 531	−0. 092	0. 059	−0. 024	0. 045
	1. 452	0. 052	−0. 482	−2. 020	1. 623	−1. 006	
200706	−0. 281	3. 210	−0. 160	−0. 046	−0. 004	0. 025	0. 105
	−1. 183	1. 923	−0. 151	−1. 811	−0. 066	1. 053	
200712	0. 572	3. 312	−0. 348	−0. 128	0. 016	−0. 052	0. 021
	1. 929	1. 465	−0. 198	−1. 520	0. 171	−1. 789	
200806	0. 526	1. 694	−3. 638	−0. 178	−0. 027	−0. 050	0. 049
	2. 629	1. 062	−2. 197	−2. 761	−0. 756	−2. 485	
200812	0. 026	0. 183	−6. 478	0. 109	0. 067	−0. 007	0. 159
	0. 121	0. 113	−3. 565	3. 443	2. 681	−0. 341	
200906	0. 052	−0. 047	0. 273	0. 038	0. 121	−0. 009	0. 028
	0. 172	−0. 019	0. 146	0. 854	2. 350	−0. 295	
200912	0. 374	−2. 838	3. 144	−0. 033	0. 024	−0. 034	0. 066
	1. 735	−1. 769	1. 795	−0. 878	0. 629	−1. 602	
201006	0. 236	1. 891	2. 637	−0. 126	0. 017	−0. 024	0. 068
	1. 469	1. 736	−2. 426	−3. 105	0. 834	−1. 487	

续表

	常数	Disp	ΔDisp	Turn	BM	logSize	R^2
201012	-0.234	0.124	-1.164	-0.014	0.068	0.021	0.049
	-1.307	0.104	-0.926	-0.459	2.596	1.172	
201106	0.139	0.512	0.369	-0.062	0.042	-0.016	0.040
	1.364	0.712	0.516	-2.952	2.335	-1.542	
201112	-0.097	-0.880	-1.860	0.134	0.015	0.009	0.067
	-1.164	-1.447	-2.961	3.573	1.313	1.088	
201206	0.113	1.699	-0.221	-0.044	-0.003	-0.011	0.016
	1.259	2.469	-0.338	-1.665	-0.266	-1.228	
201212	-0.190	0.085	1.471	-0.089	-0.016	0.019	0.056
	-1.807	0.102	1.625	-4.287	-1.055	1.781	
201306	-0.320	-2.156	1.244	0.038	-0.037	0.034	0.041
	-3.124	-2.724	1.607	1.698	-3.440	3.186	
201312	-0.188	-0.917	1.247	0.054	-0.007	0.016	0.010
	-1.500	-1.070	1.474	1.827	-0.465	1.229	
201406	0.151	0.727	-1.955	-0.075	-0.037	-0.011	0.042
	1.377	1.000	-2.557	-3.577	-3.410	-1.016	
201412	0.354	1.852	-0.634	-0.062	-0.043	-0.030	0.088
	3.300	2.484	-0.895	-6.253	-2.163	-2.791	
201506	0.248	0.393	-1.294	-0.046	0.040	-0.025	0.011
	1.118	0.316	-1.135	-2.413	0.989	-1.171	
201512	-0.108	1.201	-1.548	-0.032	0.108	0.000	0.055
	-0.635	1.291	-1.881	-1.734	4.663	0.027	
201606	0.444	2.289	-1.040	-0.084	-0.061	-0.037	0.096
	4.320	3.746	-1.675	-6.611	-4.832	-3.686	
201612	0.019	-0.922	0.145	-0.016	0.018	-0.004	0.004
	0.11726	-0.9888	0.1439	-0.6049	0.81805	-0.2321	
横截面	0.104	0.546	-0.744	-0.036	0.017	-0.010	
	1.764	1.574	-1.697	-2.141	1.613	-1.896	

从表 6-3 中可看出：

（1）分半年回归结果看，$Disp_{i,t}$和$\Delta Disp_{i,t}$对股票预期超额收益$AR_{i,t}$的影

响，有正有负，有的显著有的不显著，即影响不稳定。

（2）从按式（6-6）分半年回归，进而按式（6-7）得到的横截面回归结果看，$Disp_{i,t}$和$\Delta Disp_{i,t}$回归系数是稳健的，与全样本 OLS 回归结果也一致。即验证了假设 1 和假设 2。

（3）控制变量$Turn_{i,t}$、$BM_{i,t}$和 log $Size_{i,t}$对股票预期超额收益$AR_{i,t}$具有中等显著的影响。

2. 子样本回归比较分析

为了验证$Disp_{i,t}$和$\Delta Disp_{i,t}$对股票预期超额收益影响的稳健性，用上海和深圳两个子样本分别进行 OLS 回归和横截面回归，结果如表 6-4 所示。

表 6-4　不同样本回归比较分析

		常数	Disp	ΔDisp	Turn	BM	logSize
横截面	全样本	0. 104	0. 546	−0. 744	−0. 036	0. 017	−0. 010
	9870	1. 764	1. 574	−1. 697	−2. 141	1. 613	−1. 896
	上海	0. 131	0. 834	−0. 949	−0. 056	0. 017	−0. 012
	5687	2. 133	2. 265	−1. 916	−3. 163	1. 473	−2. 275
	深圳	0. 050	−0. 047	−0. 203	−0. 003	0. 012	−0. 005
	4003	0. 422	−0. 059	−0. 372	−0. 119	0. 946	−0. 458
OLS	全样本	0. 172	0. 855	−0. 841	−0. 040	0. 000	−0. 017
	9870	5. 722	3. 783	−3. 805	−10. 024	−0. 113	−5. 609
	上海	0. 136	1. 000	−0. 784	−0. 047	−0. 003	−0. 013
	5687	3. 942	3. 458	−2. 826	−9. 185	−0. 622	−3. 787
	深圳	0. 306	0. 873	−1. 015	−0. 030	−0. 002	−0. 031
	4003	4. 958	2. 376	−2. 792	−4. 711	−0. 245	−4. 943

从表 6-4 中可看出：

（1）从 OLS 回归结果看，除 BM 外，各变量对股票预期超额收益的影响都是显著的，且稳健。在全样本和两个分市场的回归结果中，$Disp_{i,t}$的相关系数都为正，说明信念差异的偏离度与股票后续回报正相关，并且$\Delta Disp_{i,t}$的相关系数也为负，说明信念差异偏离度越大，股票预期收益越大。因为在上海市场的检验值高于深圳市场的检验值，所以信念差异在上交晚所上对股票预期收益的影响更高；在深圳市场上，ΔDisp 的回归系数（-1.015）要比上海市场（-0.784）大，说明随着基金持股结构变化，如果基金持股偏离其基准的程度增加，基金持有的深圳市场股票超额收益比持有上海市场的股票收益下降得大。

（2）从横截面回归结果看，深圳市场各指标对股票预期超额收益的影响均不显著。这可从深圳市场横截面回归结果看出些端倪。

从深圳市场的分半年回归结果看（见表 6-5），各变量回归系数变化太大。如 Disp 的系数从-12.012（2009 年 6 月）到 6.409（2007 年 12 月）。这可能导致各系数偏离均值太大，即各回归系数的标准差太大，如 Disp 系数的标准差为 12.214。

表 6-5 深圳市场横截面回归结果

	常数	Disp	ΔDisp	Turn	BM	logSize	R^2
200612	0.028	-1.191	-0.435	-0.014	0.101	0.006	0.049
	0.050	-0.490	-0.218	-0.177	1.545	0.099	
200706	-0.967	3.342	1.530	0.057	-0.086	0.089	0.169
	-1.977	1.090	0.743	1.287	-0.776	1.858	
200712	1.002	6.409	0.891	-0.197	0.014	-0.092	0.056
	1.784	1.443	0.313	-1.180	0.076	-1.682	
200806	0.810	2.469	-5.360	-0.132	0.057	-0.083	0.077
	1.590	0.623	-1.363	-0.942	0.746	-1.617	
200812	-0.070	-3.255	-2.285	0.233	0.094	-0.001	0.273
	-0.135	-0.858	-0.715	3.393	1.929	-0.018	
200906	-1.150	-12.012	2.911	0.282	0.101	0.110	0.182
	-1.643	-2.243	0.766	2.837	0.954	1.581	
200912	0.494	-2.528	6.840	0.007	-0.051	-0.046	0.132
	1.179	-0.932	2.313	0.117	-0.892	-1.121	
201006	-0.125	1.333	-1.416	-0.145	0.042	0.012	0.135
	-0.347	0.662	-0.737	-2.004	1.250	0.346	

续表

	常数	Disp	ΔDisp	Turn	BM	logSize	R^2
201012	-0. 334	-0. 897	-0. 833	-0. 050	0. 009	0. 034	0. 038
	-0. 836	-0. 402	-0. 352	-1. 090	0. 202	0. 854	
201106	0. 227	1. 607	-0. 640	-0. 032	0. 066	-0. 027	0. 042
	1. 015	1. 258	-0. 493	-1. 116	1. 958	-1. 202	
201112	-0. 032	-0. 698	-0. 981	0. 227	0. 025	0. 001	0. 095
	-0. 192	-0. 694	-0. 895	3. 659	1. 243	0. 080	
201206	0. 017	2. 393	0. 384	-0. 096	-0. 012	-0. 001	0. 068
	0. 094	2. 272	0. 357	-2. 404	-0. 572	-0. 050	
201212	-0. 304	-1. 244	2. 096	-0. 072	-0. 016	0. 032	0. 046
	-1. 466	-0. 953	1. 456	-2. 268	-0. 698	1. 483	
201306	-0. 346	-2. 471	2. 167	0. 059	-0. 038	0. 036	0. 062
	-1. 743	-1. 983	1. 711	1. 391	-2. 316	1. 759	
201312	0. 110	-1. 057	0. 287	-0. 001	-0. 004	-0. 012	0. 008
	0. 396	-0. 672	0. 203	-0. 026	-0. 180	-0. 432	
201406	0. 080	0. 185	-2. 244	-0. 058	-0. 053	-0. 003	0. 044
	0. 352	0. 157	-1. 794	-2. 004	-2. 874	-0. 127	
201412	0. 534	2. 657	-1. 081	-0. 049	-0. 076	-0. 049	0. 120
	2. 784	2. 612	-1. 176	-3. 423	-2. 887	-2. 501	
201506	1. 025	3. 207	-3. 029	-0. 012	0. 029	-0. 105	0. 018
	2. 090	1. 506	-1. 487	-0. 415	0. 382	-2. 197	
201512	-0. 119	0. 978	-1. 714	-0. 033	0. 115	0. 002	0. 049
	-0. 372	0. 734	-1. 322	-1. 331	3. 145	0. 075	
201606	0. 195	1. 439	-0. 845	-0. 064	-0. 049	-0. 014	0. 070
	0. 985	1. 686	-0. 994	-3. 945	-2. 460	-0. 708	
201612	-0. 022	-1. 652	-0. 496	0. 022	-0. 005	0. 000	0. 014
	-0. 082	-1. 453	-0. 385	0. 601	-0. 163	0. 012	
横截面	0. 050	-0. 047	-0. 203	-0. 003	0. 012	-0. 005	
	0. 422	-0. 059	-0. 372	-0. 119	0. 946	-0. 458	

四、信念差异对股票后续回报影响的分位数回归

通过描述性统计分析，发现各变量不是正态的，OLS 回归基础变差，分

位数回归可以更准确地看出信息差异偏离度是如何影响股票预期超额收益的。

1. 分位数回归

首先给出几个分位点的回归结果。用36个月回归的超额收益的全样本进行分位数回归，以分析基金信息差异偏离程度及其增量，回归结果如表6-6所示。

表6-6　分位数回归结果

	Dependent variable：AR						
	分位数回归						OLS 回归
	5%	10%	25%	75%	90%	95%	(7)
Disp	−0.380 (0.583)	−0.023 (0.383)	0.168 (0.254)	1.704*** (0.285)	1.725*** (0.470)	1.044** (0.472)	0.855*** (0.226)
ΔDisp	0.234 (0.524)	−0.250 (0.374)	−0.337 (0.247)	−1.212*** (0.274)	−1.222*** (0.447)	−1.305** (0.521)	−0.841*** (0.221)
Turn	−0.083*** (0.013)	−0.061*** (0.008)	−0.062*** (0.005)	−0.018*** (0.006)	0.013 (0.008)	0.032** (0.012)	−0.040*** (0.004)
BM	0.068*** (0.008)	0.050*** (0.004)	0.018*** (0.003)	−0.035*** (0.004)	−0.068*** (0.006)	−0.083*** (0.011)	−0.0005 (0.004)
logSize	−0.026*** (0.008)	−0.015*** (0.005)	−0.004 (0.003)	−0.019*** (0.003)	−0.020*** (0.006)	−0.023*** (0.007)	−0.017*** (0.003)
常数	0.100 (0.076)	0.020 (0.045)	−0.024 (0.030)	0.250*** (0.032)	0.333*** (0.056)	0.420*** (0.072)	0.172*** (0.030)
观测值	9，870	9，870	9，870	9，870	9，870	9，870	9，870
R^2							0.015
F 值							30.351***

注：括号中为标准差；* 表示 p<0.1；** 表示 p<0.05；*** 表示 p<0.01。

从表6-6中可发现：

（1）信息差异指标 Disp 对股票预期超额收益的影响是不对称的且系数相差很大，在分位点 5%、10%、25%、75%、90% 和 95% 上分别为－0.380、－0.023、0.168、1.704、1.725 和 1.044；在 1%显著水平上的系数有 1.704、1.725 和 1.044，且均为正。

（2）信息差异增量指标 ΔDisp 对股票预期超额收益的影响是不对称的且系数相差很大，在分位点 5%、10%、25%、75%、90% 和 95% 上分别为 0.234、－0.250、－0.337、－1.212、－1.222 和－1.305，显著系数为－1.212、－1.222 和－1.305，且均为负。

下面给出分位数回归系数估值的趋势图，如图 6-1 所示。

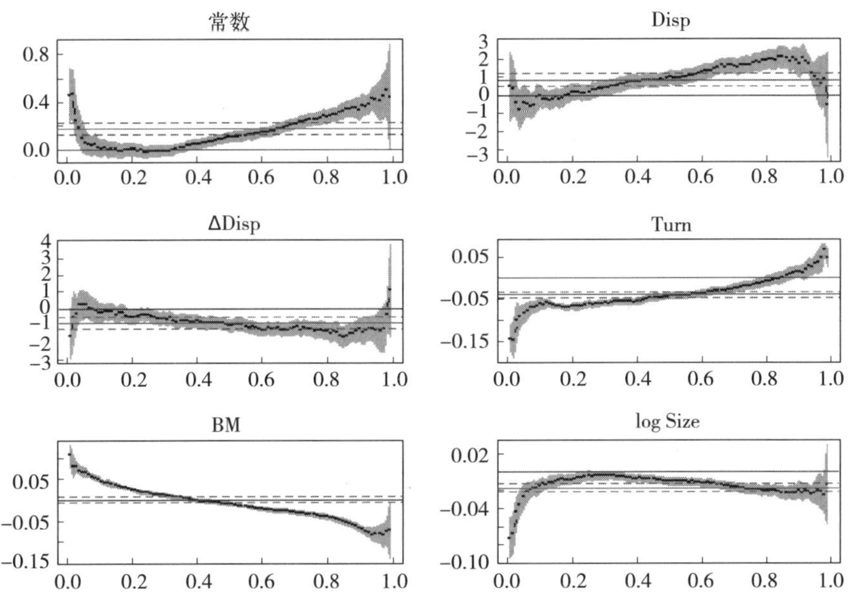

图 6-1　分位数回归估值趋势

从图 6-1 中可看出，信息差异 Disp 的系数在分位数 20%后，系数基本上为正，显著正的系数表明信息差异指标对股票预期超额收益有正的影响，验证了假设 1。信息差异增量 ΔDisp 的系数在分位数 20%后，系数基本上为负。显著负的系数表明信息差异增量指标对股票预期超额收益有负的影响，验证了假设2。

2. 分位数回归检验

为了更好地解释信息交易概率对股票收益的影响，对分位数回归结果进行系数相等和对称性检验。从分位数系数估值趋势（见图6-1）可看出，Disp回归系数基本趋势是：随着分位数的增加而增加；分位数接近95%后，随着分位数的增加而递减。ΔDisp回归系数随着分位数的增加而递减。也就是说，分位数系数估计值是不相等的。需要进一步探究分位数回归系数估计值的特征。

（1）系数相等检验。用36个月回归得到的超额收益的全样本数据，对式（6-7）分位数回归系数，进行分位数系数相等检验，结果如表6-7所示。

表6-7　分位数系数相等检验结果

检验方程　b（tau_h）-b（tau_k）=0									
τ	0.1，0.9			0.2，0.8			0.3，0.7		
变量	Rstr值	标准差	P值	Rstr值	标准差	P值	Rstr值	标准差	P值
Disp	-1.748	0.497	0.000	-1.780	0.382	0.000	-1.535	0.327	0.000
ΔDisp	0.972	0.505	0.054	0.854	0.370	0.021	0.875	0.293	0.003
BM	0.118	0.007	0.000	0.067	0.008	0.000	0.053	0.007	0.000
Turn	-0.0742	0.012	0.000	-0.059	0.005	0.000	-0.043	0.005	0.000
logSize	0.005	0.006	0.393	0.012	0.004	0.009	0.015	0.003	0.001
检验总结	χ^2值	自由度	P值	χ^2值	自由度	P值	χ^2值	自由度	P值
Wald检验	388.941	5	0.000	399.929	5	0.000	329.543	5	0.000

从表6-7中可看出，斜率相等性检验的Wald统计量分别为388.941、399.929和329.543，自由度为5，概率为0.000。这表明0.1~0.9、0.2~0.8和0.3~0.7分位数对回归式的斜率显著不相等。这意味着，相同条件下的不同分位数回归的被解释变量股票预期收益拟合值的分布是不同的。

（2）系数对称性检验。进行分位数系数对称性检验，结果如表6-8所示。

表 6-8　分位数系数对称性检验结果

检验方程： b（tau）+b（1-tau）-2×b（0.5）=0									
	0.1，0.9			0.2，0.8			0.3，0.7		
变量	Rstr 值	标准差	P 值	Rstr 值	标准差	P 值	Rstr 值	标准差	P 值
C	0.148	0.066	0.026	0.074	0.049	0.129	-0.006	0.036	0.874
Disp	-0.354	0.566	0.531	0.049	0.431	0.910	0.011	0.331	0.973
ΔDisp	0.593	0.586	0.311	0.197	0.443	0.656	0.331	0.344	0.336
BM	0.000	0.008	0.991	0.003	0.006	0.624	0.001	0.005	0.823
Turn	0.037	0.012	0.002	0.010	0.008	0.200	0.001	0.006	0.890
logSize	-0.014	0.007	0.042	-0.007	0.005	0.160	0.001	0.004	0.869
检验总结	χ^2 值	自由度	Prob.	χ^2 值	自由度	Prob.	χ^2 值	自由度	Prob.
Wald 检验	57.788	6	0.000	19.736	6	0.003	2.391	6	0.881

从表6-8中可看出，分位数系数相等性检验的 Wald 统计量分别为 57.788、19.736 和 2.391，自由度为 6，概率分别为 0.000、0.003 和 0.881。这里检验的是第 0.1 和 0.9 分位数、第 0.2 和 0.8 分位数以及第 0.3 和 0.7 分位数回归的系数估计量是否关于中位数 $\tau=0.5$ 对称。总体检验表明远离 $\tau=0.5$ 时，分位数回归系数估计值是显著对称的；接近时，不是对称的。从个体变量来看，当分位数点远离中位数 $\tau=0.5$ 时，信息差异指标和信息差异增量指标的回归系数估计值关于 $\tau=0.5$ 都是不对称的。

第四节　本章结论及展望

一、本章结论

以 2006~2013 年沪深 300 指数为投资基准的积极型开放式偏股基金为样本，通过构建基金信念差异和股票预期超额收益指标，控制了账面市值比、公司规模和换手率后，采用多元线性模型，分别进行 OLS 回归、横截面回归以及分位数回归以检验信念差异对股票预期收益的影响。

实证结果发现：从 OLS 回归和横截面回归结果看，当信念差异偏离度增加时，股票后续超额收益显著增加，而且回归系数绝对值较大，说明信念差异偏离度对超额收益的影响较大；当信念差异偏离度的增量增加时，股票后续超额收益显著减少，这说明信念差异对滞后超额收益有一定的影响。

从分位数回归结果看，信念差异和信念差异增量对股票预期超额收益的影响是非对称的，而且随着分位数的变化，影响程度也不同。

二、不足与展望

不足：首先是控制变量不足，本书只重点研究了换手率、市值和账面市值比等因素，并未考虑到其他指标，例如，动量等对于超额收益的影响，因此只有三个控制变量；其次在计算信念差异偏移度时，由于工作量较大，仅选用了以沪深 300 指数为基准的基金进行研究。

未来展望：影响股票后续回报的因素还有很多，应该多引入一些控制变量来更好地研究信念差异这一因素的影响；本书只研究了以沪深 300 指数作为基准的基金，在以后的研究过程中，可以选择更为全面的样本进行研究。

参考文献

［1］ Ang A.，Hodrick R. J.，Xing Y.，et al.. The Cross-Section of Volatility and Expected Returns［J］. The Journal of Finance，2006，61：259-299.

［2］ Amihud Yakov，Haim Mendelson. Asset Pricing and the Bid-ask Spread［J］. Journal of Fianacial Economics，1986，17（1）：223-249.

［3］ Bayar O. T.，Chemmanur J.，Liu M. H. A Theory of Equity Carve-outs and Negative Stub Values under Heterogeneous Beliefs［J］. Journal of Financial Economics，2011，100（3）：616-638.

［4］ Brennan M. J.，Chordia T.，Subrahmanyam A.. Alternative Factor Specifications，Security Characteristics［J］. Journal of Financial Economics，1998，49（3）：345-373.

［5］ Choi J. J.，Jin L.，Yan H.. Does Ownership Breadth Predict Stock Returns? New Evidence from Market- Wide Holdings Data [R]. Working Paper, 2009.

[6] Cremers M., Petajisto A.. How Active is Your Fund Manager? A New Measure That Predicts Performance [J]. Review of Financial Studies, 2009, 22 (9): 3329-3365.

[7] Diether K., C. Malloy, A. Scherbina. Differences of Opinion and the Cross-Section of Stock Returns [J]. Journal of Finance, 2002, 57 (5): 2113-2141.

[8] Goetzmann W. N., Massa M.. Dispersion of Opinion and Stock Returns [J]. Journal of Financial Markets, 2005, 8 (3): 324-349.

[9] Hong H., J. C. Stein. Disagreement and the Stock Market (Digest Summary) [J]. Journal of Economics Perspectives, 2007, 21 (2): 109-128.

[10] Jiang H., Sun Z.. Dispersion in Beliefs among Active Mutual Funds and the Cross-Section of Stock Returns [J]. Social Science Electronic Publishing, 2014, 114 (2): 341-365.

[11] Miller E., M. Risk. Uncertainty, and Divergence of Opinion [J]. Journal of Finance, 1977, 32 (4): 1151-1168.

[12] 陈国进，张贻军，王景．异质信念与盈余惯性——基于中国股票市场的实证分析[J]. 当代财经，2008 (7)：43-48.

[13] 付鹏．大市值股票获取超额收益概率大 [J]. 股市动态分析，2009 (47)：45-46.

[14] 缪世岭．基于季度时间窗的机构投资者行为效应研究[J]. 经济研究导刊，2011 (8)：111-114.

[15] 王玮．机构投资者与股票收益率关系的实证研究[D]. 上海交通大学硕士学位论文，2013.

[16] 王俊杰．投资者异质信念与中国股市收益[J]. 经济与法，2013 (3)：171.

[17] 张维，张永杰．异质信念、卖空限制与风险资产价格[J]. 管理科学学报，2006 (4)：58-64.

第七章 开放式基金持股对股票预期超额收益的影响

本篇第六章研究了基金持股与其基准偏离程度，即基金信念差异偏离度对股票预期超额收益的影响，发现信念差异偏离度对股票预期超额收益存在显著的正向影响。专业机构投资者因其先进的投资理念和专业的投资手法以及优秀的专业团队，具有一定的选股能力，从而能够获得较多的超额收益。本章旨在考察开放式基金持股规模对股票超额收益的影响。

专业投资机构对上市公司公布的财务报表及相关数据进行深入剖析，关注公司的主营业务业绩、营利性、成长性等因素，并选择业绩良好、营利稳定的股票进行投资。机构投资者持股更多的股票，说明其上市公司是具有相当价值和发展前景的公司。本章以 2006 年 6 月至 2016 年 12 月开放式基金持股为考察样本，研究被持股的基金家数和基金持股比例对该股票价格的影响。

第一节 相关研究文献回顾

基金持股的相关研究主要集中于基金投资对股票收益及波动率的影响和基金对股价的预测能力。Li、Moshirian 和 Pham（2006）在对金融机构成为大的股票持有者的研究中发现，不同国家的机构持股集中度之间差异较大，他们的研究在强调强有力的宏观治理环境的重要性的同时，为进一步加快支持机构行动的基础设施的建设过程提供了理由，也代表了机构持股行为对资本市场的重要性。Sias（1996）认为，被机构投资者持有的比例较高的股票在通常情况下会带来更多的观察者和分析者进行追踪跟进，给这只股票带来更好更多的分析信息，进而对该股票估值的偏差程度会显得更小。

Daniel 等（1997）通过对 1975~1994 年的股票型基金进行分析，发现机构投资者具有一定的选择能力，相比于市场收益来说，机构投资者能够获得较多的超额收益。Richard 和 Laura（1997）也对机构投资者对于股价的影响进行了相应的研究，得出机构交易会对股价收益率造成短期或持久性影响的结论。Massa（2003）通过实证研究发现被基金大量持有的股票并未表现出比市场平均更多的收益，这一点与 Daniel 等（1997）的研究结论相悖。

Wermers（1999）发现基金持有股票会存在一定的“羊群效应”，基金因“羊群效应”买入的股票当期和未来收益都会比卖出的股票高，其中当期股票收益之间的差异尤为明显。Hung、Lu 和 Cheng（2010）与 Wermers（1999）的研究结果有部分的相似性，他们发现中国台湾市场基金在买卖股票的时候也存在“羊群效应”；同时，他们还发现当股票价格被低估，大家从众购买股票时，基金又会出手来稳定股价，基金具有稳定市场的作用。Alexakis 等（2005）探讨了希腊的共同基金资本流动和股票收益之间的相互影响及作用。他们研究的是一个因果关系机制，认为共同基金资本流动可能会影响股票收益；反之也是如此。统计证据也证明了共同基金资本流动和股票收益之间具有双向因果关系。

姜宝强（2006）通过建立联立方程也证实，在中国股票市场上，基金持股与所持的股票收益率之间相互影响显著，均具有正相关关系。基金持股对股票收益率的显著正向影响，说明基金对股票的增持或减持行为会对股票的收益率产生向上或向下的压力。胡大春和金赛男（2007）采用动态面板数据模型对我国基金持股比例与股票收益波动率间的关系进行了分析，经过实证分析发现我国基金偏向于高波动性股票，基金提高持股比例后会稳定该股票的收益。祁斌、黄明和陈卓思（2006）将股票分成两类：低机构持股股票和高机构持股股票，他们通过研究发现对于高比例的机构持股股票，过去表现较好的股票可以吸引机构投资者持仓增加，而且机构增仓的股票相对于减仓的股票后续表现将会变得更好，而低比例的机构持股股票则不是这样。朱彤和叶静雅（2009）运用事件研究的方法，以上海证券交易所发布的日度机构持仓数据为样本，对在投资评级发布日期机构投资者的一些行为进行了分析，结果表明，我国机构持股的持仓比例变化会与事件前的股票累计异常收益正相关，与事件后的收益的相关性较弱，而在事件期间也有一定程度的正相关。

姚颐、刘志远和相二卫（2010）认为，基金作为我国最大且最为重要的机构投资者，因基金巨量的投资会对市场及股票的回报造成冲击，对2002年第一季度至2008年第二季度期间共26个季度数据样本进行研究，发现当基金新退出股票时会比新进入股票时的超额收益率低28.39%，两者具有显著的非对称性。另外，他们也发现了基金加持的股票并未比减持的股票获得更高的净资产收益率，但基金加持时的股票价格波动率明显高于减仓行为时。高雅（2013）从媒体对金融市场的关注这个角度出发，发现即使在我国这样的新兴金融市场，机构投资者的持股比例大小与媒体关注度之间也存在一定程度的替代效应，机构投资者的持股比例越大，可以使资本市场的运行效率增加，从而形成了买入压力造成公司股价的提高，股票回报率就会下降。Wermers、Yao和Zhao（2012）发现通过基金集中持有的股票可以预测股票的收益，它们通过股票的特点，如大小的宽光谱、账面市值比、过去的回报、特质波动率，以及共同基金的所有权广度来提供显著的预测性能，但并未在研究中给出详细的预测结果。杜文意（2010）经研究发现基金既会选择每股收益较高的质股票长期持有，也会出于短期获利目的青睐股价波动大、收益率高的股票，股票的收益率会受到基金当期和上一期的持股变化的明显同向影响。

第二节　研究设计

从开放式基金持股特征和股票收益的角度出发，阐述本书的研究假设、数据来源、变量选择和模型设定。

一、研究假设

一般来说，专业投资机构拥有先进的投资理念和专业的投资手法，其优秀的专业团队对上市公司公布的财务报表及相关数据进行深入剖析，关注公司的主营业务业绩、营利性、成长性等因素，并选择业绩良好、营利稳定的股票进行投资。他们看重公司未来中长期的发展前景，主营业务业绩的增长情况，所在行业中长期的走势，以进行中长期的价值投资，而不是短时间内在股价的涨跌中获利。由此可见，机构投资者持有更多的股票，说明其上市公司是具有相当价值和发展前景的公司。

1. 持股宽度对股票回报的影响

机构投资者因其先进的投资理念和专业的投资手法以及优秀的专业团队，具有一定的选股能力，从而能够获得较多的超额收益。

假设1：基金共同持股家数越多，所持股票的收益越高。

2. 持股深度对股票回报的影响

基金对股票持有的比例越大，会更加注重该股票，若持有单只股票上市流通股的大半，甚至会形成所谓的“坐庄”效应，股票回报较大。当机构持股比例达到一定程度时，私有信息量可能就少了，此时股票收益补偿可能就会小。即股票超额收益可能和持股深度呈倒“U”形关系。

假设2：基金共同持股比例越大，所持股票的收益越高。

3. 持股宽度与持股深度对股票回报的影响

持有股票i的基金种类越多，家数越多，表示基金持股聚集化程度越高，私有信息量就少了，股票不确定信息就少了，股票收益补偿就小了；抑或集中时间和精力分析所有股票的成本上升，可能会造成较多的机会错失和错误发生，股票回报较小。

假设3：持股宽度与持股深度交叉项越大，所持股票的收益越低。

二、变量说明

1. 解释变量

（1）个股被基金共同持有的宽度指标 WTH_{it}。WTH_{it}表示t期末持有股票i的基金家数，指标代表t时期（半年）股票i的基金宽度。其值越大，表明基金家族聚集化程度越高，即持股宽度越大。由于在不同的模型中所需的数量级不一样，所以本书选择了两个指标代表基金的持股宽度。这里用对数来 $\log WTH_{it}$

度量。

（2）个股被基金共同持有的深度指标 $DPTH_{it}$。

$$DPTH_{it}=\sum_j c_{ijt} \tag{7-1}$$

式（7-1）中，c_{ijt}表示基金 j 对 i 股票的持股比例，等于基金 j 在 t 年末持有的 i 股票的市值除以 i 股票的总流通市值。

$DPTH_{it}$表示 t 期末所有基金持有股票 i 的市值和占其总市值的比例（%），即个股被基金共同持有的深度指标。

2. 超额收益——被解释变量

Fama 和 French（1993）构造的三因子分别为 MKT、SMB、HML，其中 MKT 代表市场因子，SMB 代表公司规模（SIZE）因子，HML 代表账面市值比（BE/ME）因子。运用 Fama-French 三因子模型计算超额收益的过程如下：

（1）运用模型计算每个样本股的三因子系数 β_i^M、β_i^S、β_i^H，回归模型如下：

$$r_{i,t}=\alpha_i^0+\beta_i^M(MKT_t-r_{f,t})+\beta_i^S SMB_t+\beta_i^H HML_t+\sigma_{i,t} \tag{7-2}$$

式（7-2）中，$r_{i,t}$是股票 i 在 t 期的月收益率，$r_{f,t}$表示 t 期的市场收益率，MKT_t代表无风险收益率，SMB_t 为市值因子收益率，HML_t 是账面市值比因子收益率，$\sigma_{i,t}$是回归残差项。

（2）将回归得到的三因子系数代入式（7-3），得到第 25 个月股票 i 的超额收益率：

$$AR_{i,t}=r_{i,t}-[\widehat{\beta_i^M}(MKT_t-r_{f,t})+\widehat{\beta_i^S}SMB_t+\widehat{\beta_i^H}HML_t] \tag{7-3}$$

首先根据股票月组合收益率前 24 个月的数据，运用 Fama-French 三因子模型回归式（7-2）得到估计系数$\widehat{\beta_i^M}$、$\widehat{\beta_i^S}$、$\widehat{\beta_i^H}$，根据式（7-3）用第 25 个月的股票累计净值增长率和三因子的数据回归得到第 25 个月的超额收益率 $AR_{i,t}$。依次滚动类推得到每只股票在研究期内的超额收益率。

三、模型设定

超额收益作为被解释变量，以持股宽度和持股深度作为解释变量，以动量、市值、账面市值比为控制变量，建立以下模型，来研究 QFII 持股行为对股票超额收益的影响：

$$AR_{it} = \beta_0 + \beta_1 logWTH_{it} + \beta_2 DPTH_{it} + \beta_3 BM_{it} + \beta_4 logSize_{it} + \varepsilon_{it} \quad (7-4)$$

式中，BM 为账面市值比，即市净率的倒数；logSize 为市值规模的自然对数，为控制变量。

采用横截面回归分析方法，具体步骤为对每季度的数据依照式（7-4）进行多元回归，再根据式（7-5）计算得到回归系数及 t 值，并进行显著性检验。

$$\begin{cases} \overline{\beta} = \dfrac{1}{T}\sum\limits_t \widehat{\beta_t} \\ Var(\beta) = \sum\limits_t \dfrac{1}{T-1}(\widehat{\beta_t} - \overline{\beta})^2 \\ t_\beta = \dfrac{\overline{\beta}}{\sqrt{Var(\beta)/T}} \end{cases} \quad (7-5)$$

如果 $\overline{\beta}$ 为正且 t_β 统计显著，说明存在正相关关系；如果 $\overline{\beta}$ 为负且 t_β 统计显著，说明具有负相关关系；如果 t_β 统计值不显著，表示不存在显著相关关系。

四、样本数据选择与说明

本书数据主要来自锐思数据库。开放式基金持股明细数据、股票收益和其相关数据指标以及 Fama-French 月三因子数据均来自于锐思数据库。样本区间选择从 2006 年 6 月至 2016 年 12 月的基金持股明细数据，因股票超额收益的计算，需至少早两年数据，即股票月收益及 Fama-French 月三因子时间至少选择 2004 年 1 月至 2016 年 12 月。样本基金选择基准需至少有 20 家基金具有相同的投资基准，因而共有 991 只基金，其中沪深 300 指数的 812 只，中证 800 指数的 101 只，中证小盘 500 指数的 33 只，中证小盘 700 指数的 23 只，中证医药卫生指数的 22 只。共计持股 1220 只，深市 575 只，沪市 645 只。

第三节　实证检验及分析

本部分将检验开放式基金持股深度和持股宽度对股票预期超额收益是否有影响，以及影响如何。首先按照第二节的方法对数据进行处理、加工，进行描述性统计分析，接着对全样本和主板及中小创业板两个子样本进行 OLS 回归，进而对全样本进行横截面回归和分位数回归，并对各回归结果进行分析并给出合理的解释。

一、描述性统计分析

对 2006 年至 2016 年共 812 只基金的持股明细，根据式（7-1）至式（7-3）对其所持股票进行数据处理，得 11578 条有效观测记录，其中沪市 6777 条，深市 4801 条观测值。对各变量进行描述性统计，结果如表 7-1 所示。

表 7-1　描述性统计

	AR	DPTH	logWTH	logSIZE	BM
均值	-0. 009	0. 018	0. 949	10. 146	0. 370
中位数	-0. 011	0. 003	0. 903	10. 097	0. 313
最大值	1. 784	0. 287	2. 412	12. 264	2. 273
最小值	-0. 832	0. 000	0. 000	8. 895	-0. 595
标准差	0. 115	0. 034	0. 516	0. 448	0. 296
偏度	0. 383	2. 885	0. 088	0. 877	1. 161
峰度	11. 841	12. 553	2. 242	4. 515	4. 839

从表 7-1 中可看出，有股票仅 1 家基金持有，最小的持股深度为 0. 00000005，其实可忽略不计。只有基金持股宽度指标的偏度和峰度分别为 0. 088 和 2. 242，可看成服从正态分布。其他数据项的偏度和峰度均较大。

二、OLS 回归

首先用式（7-4）进行全样本回归，并分别以沪深主板、深市中小板创业板两个子样本进行回归，将基金持股深度、基金持股宽度及其两者交叉项分别加入模型，回归结果如表 7-2 所示（用 R 语言回归）。

表 7-2 OLS 回归结果

被解释变量：AR												
	全样本				主板				中小创业板			
	(1)	(2)	(3)	(4)	(1)	(2)	(3)	(4)	(1)	(2)	(3)	(4)
DPTH	0.180***		0.134***	1.114***	0.209***		0.191***	1.163***	-0.055		-0.388***	-0.255
	(0.033)		(0.040)	(0.166)	(0.034)		(0.042)	(0.171)	(0.111)		(0.140)	(0.726)
logWTH		0.015***	0.007*	0.008**		0.014***	0.003	0.004		0.025***	0.044***	0.044***
		(0.003)	(0.004)	(0.004)		(0.003)	(0.004)	(0.004)		(0.009)	(0.011)	(0.011)
logSIZE	-0.013***	-0.023***	-0.018***	-0.015***	-0.012***	-0.021***	-0.014***	-0.011***	-0.021*	-0.051***	-0.061***	-0.061***
	(0.002)	(0.004)	(0.004)	(0.004)	(0.002)	(0.004)	(0.004)	(0.004)	(0.011)	(0.014)	(0.015)	(0.015)
BM	0.012***	0.007*	0.011***	0.012***	0.012***	0.006	0.011***	0.013***	-0.001	-0.008	-0.017	-0.017
	(0.004)	(0.004)	(0.004)	(0.004)	(0.004)	(0.004)	(0.004)	(0.004)	(0.019)	(0.019)	(0.019)	(0.019)
DPTH×logWTH				-0.614***				-0.614***				-0.075
				(0.101)				(0.105)				(0.402)
常数	0.114***	0.204***	0.164***	0.128***	0.107***	0.186***	0.127***	0.088**	0.199*	0.480***	0.577***	0.573***
	(0.025)	(0.034)	(0.036)	(0.037)	(0.025)	(0.035)	(0.038)	(0.038)	(0.110)	(0.142)	(0.146)	(0.149)
观测值	11, 578	11, 578	11, 578	11, 578	9, 714	9, 714	9, 714	9, 714	1, 864	1, 864	1, 864	1, 864
R^2	0.005	0.004	0.005	0.008	0.006	0.003	0.006	0.009	0.003	0.007	0.012	0.012
F 值	17.444***	14.965***	14.017***	18.660***	18.044***	11.349***	13.666***	17.846***	2.129*	4.634***	5.409***	4.332***

注：括号中数据为标准差；* 表示 $p<0.1$；** 表示 $p<0.05$；*** 表示 $p<0.01$。

从表 7-2 中可看出：

（1）从全样本和主板样本回归结果看账面市值比 BM 和市值规模 logSIZE 两个指标仍然具有显著的影响。市值规模 logSIZE 对股票超额收益 AR 具有显著的负影响，即存在“小公司效应”。账面市值比 BM 对股票超额收益 AR 存在正的显著影响，即成长型公司具有较高的超额收益，但对中小创业板样本来说，账面市值比系数不显著，且方向变为负的，这说明对中小创业公司来说，成长型指标不是基金主要考虑的指标，而市值是基金考虑的主要指标，这可能是因为基金是大资金运作，股票流动性是基金考虑的首要因素。

（2）基金持股家数 logWTH。全样本还是主板、中小创业板三个样本，单独回归时，基金持股家数 OLS 回归系数大都为正且显著；加入基金持股比例即深度以及其与深度的交叉项后，除主板子样本外，基金持股家数对股票预期超额收益的影响仍未显著且为正，但主板子样本的系数仍为正。这说明机构投资者因其先进的投资理念和专业的投资手法以及优秀的专业团队，具有一定的选择能力，从而能够获得较多的超额收益。这与 Daniel 等（1997）的研究结果一致。

（3）基金持股比例。全样本还是主板两个样本，无论是单独回归，还是加入宽度以及与宽度的交叉项，基金持股比例 OLS 回归系数大都是正的且显著。这说明基金对股票持有的比例越大，在通常情况下会带来更多的观察者和分析者进行追踪跟进，导致流动性不足；若持有单只股票上市流通股的大半，甚至会形成所谓的“坐庄”效应，这时股票回报较大。这与姜宝强（2006）的研究结果一致。

对中小创业板股票来说，持股深度均为负。在加入了宽度后，显著为负，即被基金持有越大比例的股票，超额收益越少，这可能是因为持股比例到一定程度后，私有信息量变少，股票不确定信息也就越少，股票收益补偿就小了。在加入与宽度的交叉项后，基金深度的显著性降低了，但交叉项显著为负。无论哪种情况，宽度即持股基金家数的影响仍显著为正。

（4）基金持股家数与基金持股比例交叉项。全样本还是主板、中小创业板三个样本，基金持股家数与基金持股比例交叉项都是负的，除中小创业板外，对股票超额收益的影响是显著的，即股票被基金持股达到获取超额收益的机会变小了。对未投资该股的投资者来说，该股的私有信息量越少，股票不确定信息也就越少，股票收益补偿小，没有吸引力。这时没有资金的持续流入，股票价格维持一定时间后就会下跌。

总之，通过子样本和全样本的 OLS 回归结果可看出，验证了假设 1 和假设 2。对中小创业板来说，基金持股深度结果与假设相反，除了上面的解释外，还有一个原因可能是样本观测值较少，只有 1864 条观测记录。

三、横截面回归

对全样本数据，先采用模型（7-4）分半年回归，再用横截面回归公式（7-5）得到横截面回归结果，回归结果见表 7-3 和表 7-4（用 Matlab 程序实现）。用持股家数倒数代替持股家数的自然对数来度量持股基金宽度横截面及 OLS 回归结果（见附录 E）。

表 7-3 分半年回归及横截面回归结果

报告期	常数	t-值	LogWTH	t-值	DPTH	t-值	BM	t-值	logSIZE	t-值	R^2
20066	-0.118	-0.524	0.022	0.624	-0.551	-0.859	-0.031	-1.157	0.012	0.496	0.018
200612	0.416	1.484	0.062	1.559	-0.411	-1.044	0.059	1.654	-0.036	-1.207	0.019
20076	0.070	0.279	0.057	1.866	0.143	0.573	-0.021	-0.336	-0.014	-0.541	0.076
200712	0.279	0.999	-0.016	-0.419	0.655	2.862	0.091	0.998	-0.027	-0.948	0.068
20086	0.580	2.822	0.075	2.726	-0.392	-2.206	-0.020	-0.581	-0.063	-2.924	0.037
200812	0.762	3.513	0.094	3.387	-0.425	-2.305	0.060	2.368	-0.086	-3.713	0.086
20096	0.538	2.160	0.082	2.730	-0.324	-1.450	0.099	2.020	-0.063	-2.448	0.049
200912	0.265	1.469	-0.016	-0.737	-0.288	-1.717	0.048	1.254	-0.024	-1.295	0.083
20106	0.081	0.643	0.014	1.105	0.092	0.629	0.057	2.910	-0.013	-0.998	0.036
201012	0.025	0.148	0.047	2.879	-0.172	-0.885	0.108	4.303	-0.010	-0.588	0.101
20116	0.119	0.979	0.009	0.850	-0.131	-0.869	0.046	2.813	-0.015	-1.190	0.018
201112	0.264	2.407	0.028	2.737	-0.549	-4.145	-0.004	-0.367	-0.026	-2.248	0.034
20126	0.125	1.075	0.025	1.705	-0.227	-1.355	0.003	0.241	-0.015	-1.151	0.004
201212	-0.167	-1.294	0.019	1.208	0.026	0.151	-0.001	-0.102	0.013	0.913	0.025

续表

报告期	常数	t-值	LogWTH	t-值	DPTH	t-值	BM	t-值	logSIZE	t-值	R^2
20136	-0. 223	-1. 844	-0. 017	-1. 185	-0. 125	-0. 758	-0. 037	-3. 887	0. 025	1. 938	0. 026
201312	-0. 132	-0. 886	-0. 001	-0. 057	-0. 612	-3. 062	-0. 015	-1. 209	0. 012	0. 779	0. 023
20146	0. 373	2. 655	0. 068	4. 211	-0. 462	-2. 399	-0. 054	-5. 056	-0. 040	-2. 665	0. 053
201412	0. 155	0. 910	-0. 025	-1. 389	0. 836	2. 543	-0. 006	-0. 303	-0. 013	-0. 728	0. 019
20156	-0. 146	-0. 525	-0. 014	-0. 431	0. 430	0. 562	-0. 005	-0. 130	0. 011	0. 392	0. 001
201512	-0. 017	-0. 075	0. 054	2. 273	-0. 119	-0. 225	0. 093	3. 833	-0. 014	-0. 602	0. 044
20166	0. 592	4. 346	0. 056	3. 684	0. 229	0. 699	-0. 034	-2. 812	-0. 060	-4. 171	0. 054
201612	-0. 287	-1. 327	-0. 046	-2. 027	0. 281	0. 503	0. 013	0. 602	0. 030	1. 336	0. 008
横截面	0. 162	2. 594	0. 026	3. 129	-0. 095	-1. 128	0. 020	1. 918	-0. 019	-2. 906	
OLS	0. 165	4. 538	0. 007	1. 930	0. 134	3. 337	0. 011	2. 617	-0. 018	-4. 866	0. 005

从表 7-3 分报告期（半年）回归结果 A 栏看：①基金持股家数，即基金持股宽度对股票预期超额收益大部分仍为显著正的影响，与 OLS 回归结果一致。②基金持股比例，即基金持股深度对股票预期超额收益大部分为显著负的影响，仅有两个报告期 2007 年 12 月和 2014 年 12 月为显著正的影响，且回归系数最大，这两个报告期均为牛市转熊市的“分水岭”。统计意义上，与 OLS 结果不一致，即姜宝强（2006）结果不一致。

从表 7-3 横截面回归结果 B 栏看：①基金持股家数，即基金持股宽度对股票预期超额收益仍为显著正的影响，回归系数为 0. 026（t=3. 129）。这与 OLS 回归结果一致，即 Daniel 等（1997）结果一致。②基金持股比例，即基金持股深度对股票预期超额收益仍为负的影响，回归系数为-0. 095（t=-1. 128），也与 OLS 回归结果不一致。

从表 7-4 的分半年报告期回归来看：①基金持股家数，即基金持股宽度对股票预期超额收益的影响大部分仍为正，且显著。这与表 7-3 的结果，也与 Daniel 等（1997）的研究结果一致。②基金持股比例，即基金持股深度对股票预期超额收益的影响仍为负，回归系数为-0. 055（t=-0. 0192），与表 7-3 结果一致，但更不显著。与 OLS 显著为正的结果（系数 1. 114，t=6. 716）不一致。③基金持股家数和基金持股比例的交叉项对股票预期超额收益的影响是混合的，只有五个报告期为中等显著的，2006 年 6 月和 2011 年 12 月的交叉项系数均为正，分别为 2.566（t = 1.753）和 0.493（t = 1.461）；2008 年 12 月、2009 年 12 月和 2013 年 12 月交叉项系数均为负的，分别为 - 0.769（t=-1.777）、-0.642（t=-1.656）和-1.408（t=-2.062）。

表 7-4 带交叉项的分半年回归及横截面回归结果

报告期	常数	logWTH	DPTH	BM	LogSIZE	logWTH×DPTH	R^2
20066	-0.004	0.023	-3.153	-0.028	0.0003	2.566	0.03
	-0.016	0.653	-1.951	-1.050	0.014	1.753	
200612	0.262	0.055	1.046	0.063	-0.020	-1.187	0.03
	0.870	1.380	0.919	1.755	-0.644	-1.364	
20076	0.002	0.053	0.592	-0.025	-0.007	-0.308	0.08
	0.008	1.689	0.630	-0.393	-0.248	-0.495	
200712	0.461	-0.011	-0.302	0.090	-0.045	0.637	0.07
	1.453	-0.300	-0.365	0.984	-1.388	1.205	
20086	0.532	0.073	-0.114	-0.020	-0.058	-0.180	0.04
	2.221	2.580	-0.155	-0.586	-2.340	-0.389	
200812	0.558	0.085	0.795	0.058	-0.065	-0.769	0.10
	2.282	3.034	1.119	2.295	-2.521	-1.777	
20096	0.685	0.088	-1.180	0.098	-0.078	0.493	0.05
	2.350	2.878	-1.300	2.012	-2.605	0.972	
200912	0.110	-0.020	0.812	0.045	-0.009	-0.642	0.09
	0.545	-0.921	1.186	1.171	-0.448	-1.656	
20106	0.094	0.015	-0.079	0.057	-0.014	0.105	0.04
	0.696	1.124	-0.122	2.893	-1.031	0.271	
201012	0.042	0.047	-0.409	0.109	-0.012	0.143	0.10
	0.235	2.889	-0.469	4.304	-0.646	0.279	
20116	0.117	0.009	-0.100	0.046	-0.015	-0.018	0.02
	0.902	0.796	-0.137	2.808	-1.105	-0.044	
201112	0.320	0.032	-1.446	-0.005	-0.031	0.493	0.04
	2.758	3.058	-2.303	-0.455	-2.599	1.461	

续表

报告期	常数	logWTH	DPTH	BM	LogSIZE	logWTH×DPTH	R^2
20126	0. 142	0. 027	-0. 633	0. 003	-0. 016	0. 213	0. 00
	1. 170	1. 776	-0. 765	0. 221	-1. 242	0. 501	
201212	-0. 173	0. 018	0. 178	-0. 001	0. 013	-0. 081	0. 03
	-1. 274	1. 127	0. 173	-0. 096	0. 915	-0. 150	
20136	-0. 245	-0. 021	0. 539	-0. 037	0. 028	-0. 342	0. 03
	-1. 943	-1. 323	0. 498	-3. 878	2. 034	-0. 621	
201312	-0. 210	-0. 011	2. 071	-0. 015	0. 021	-1. 408	0. 03
	-1. 369	-0. 635	1. 573	-1. 185	1. 262	-2. 062	
20146	0. 345	0. 063	1. 050	-0. 053	-0. 037	-0. 796	0. 05
	2. 414	3. 807	0. 794	-4. 883	-2. 429	-1. 155	
201412	0. 128	-0. 027	1. 777	-0. 005	-0. 010	-0. 517	0. 02
	0. 718	-1. 466	0. 966	-0. 237	-0. 556	-0. 520	
20156	-0. 169	-0. 013	2. 078	-0. 006	0. 013	-0. 993	0. 00
	-0. 602	-0. 403	0. 697	-0. 149	0. 458	-0. 572	
201512	0. 003	0. 051	-2. 174	0. 093	-0. 016	1. 241	0. 05
	0. 014	2. 139	-1. 092	3. 846	-0. 664	1. 070	
20166	0. 610	0. 056	-1. 092	-0. 034	-0. 061	0. 757	0. 06
	4. 450	3. 624	-0. 918	-2. 825	-4. 260	1. 155	
201612	-0. 259	-0. 047	-1. 468	0. 012	0. 028	0. 968	0. 01
	-1. 181	-2. 046	-0. 683	0. 558	1. 216	0. 843	
横截面	0. 152	0. 025	-0. 055	0. 020	-0. 018	0. 017	
	2. 490	2. 993	-0. 192	1. 908	-2. 788	0. 089	
OLS	0. 128	0. 008	1. 114	0. 012	-0. 015	-0. 614	
	3. 494	2. 211	6. 716	2. 877	-3. 961	-6. 087	

从表 7-4 的横截面回归结果看：①基金持股家数，即基金持股宽度对股票预期超额收益仍为显著正的影响，回归系数为 0. 025 （t=2. 993）。这与表 7-3的结果和 Daniel 等 （1997） 的研究结果一致。②基金持股比例，即基金持股深度对股票预期超额收益的影响仍为负，回归系数为-0. 055 （t=-0. 192），与表 7-3 结果一致，但更为不显著。③基金持股家数和基金持股比例的交叉

项对股票预期超额收益的影响为正，但不显著，回归系数为 0.017（t = 0.089）。

四、持股比例对股票超额收益影响的进一步探讨

从横截面回归结果看持股比例对股票超额收益的影响是混合的，交叉项的影响也是混合的，需进一步考察两者的关系。在模型（7-4）加入深度的二次项，进行回归，结果如表 7-5 所示。

表 7-5 带深度二次项回归结果

	全样本（11578）		主板（9714）		中小创业板（1864）	
变量	系数	t-值	系数	t-值	系数	t-值
C	0.110	2.968	0.067	1.740	0.566	3.784
logWTH	0.001	0.359	-0.004	-0.954	0.042	3.249
DPTH	1.244	7.373	1.311	7.541	-0.245	-0.337
$DPTH^2$	-2.436	-4.135	-2.802	-4.646	-0.825	-0.335
DPTH×LOGWTH	-0.457	-4.244	-0.428	-3.819	-0.013	-0.029
BM	0.013	3.327	0.015	3.596	-0.016	-0.825
logSIZE	-0.013	-3.382	-0.008	-2.123	-0.060	-3.953
R^2	0.009		0.011		0.012	

对表 7-5 和表 7-2 的回归模型（4）作比较，可发现：中小创业板仅有宽度影响是显著为正；全样本和主板，两者的结果基本一致。下面仅就全样本结果给予分析。

（1）持股宽度对股票收益的影响变得不显著了，可能持股宽度的影响最终还是体现在持股深度上。

（2）持股深度对股票收益的影响仍为正且显著，系数为 1.244（t = 7.373），比表 7-2 中的结果更好了（系数为 1.114，t = 1.114/0.166 = 6.711）。

（3）持股宽度和持股深度对股票收益的交叉影响仍为负且显著，系数为

-0.457（t=-4.244），比表 7-2 中的回归系数的绝对值变小了，t 值=-6.079（-0.614/1.01）显著性也降低了。

（4）持股深度二次项对股票收益的影响为负且显著，系数为-2.436（t=-4.135）。即随着持股比例的增加，股票收益也随之增加；当机构持股比例增加到一定程度后，随着持股比例的增加，股票收益反而随之降低。基金对股票持有的比例越大，会更加注重该股票，若持有单只股票上市流通股的大半，甚至会形成所谓的“坐庄”效应，股票回报较大。当机构持股比例达到一定程度时，私有信息量可能就少，此时股票收益补偿可能会就小。即股票超额收益可能和持股深度呈倒“U”形关系。本质上，这与持股宽度与持股深度交叉项对股票收益的影响是一致的。

第四节　分位数回归分析

从表 7-1 描述统计分析中可看出，数据中存在严重的尖峰厚尾情况。最小二乘法（OLS）的估计将不再具有上述优良性质。分位数回归相对于最小二乘回归，应用数据条件更加宽松，挖掘的信息更加丰富。分位数回归相比普通的最小二乘回归，能够更加精确地诠释解释变量对被解释变量影响的变化范围。同时 OLS 回归结果和横截面回归结果存在差异，需进一步探讨其原因。

为了更好地解释基金持股家数和持股比例对股票预期超额收益的影响，进行分位数回归。分位数回归直线与用 OLS 法估计的均值回归直线有显著差别，则表明股票超额收益的分布是非对称的。同时对于不同分位数回归函数，如果回归系数的差异很大，说明在不同分位数上解释变量对被解释变量的影响是不同的，即非对称。

一、分位数回归分析

用模型（7-4）对全样本数据进行带交叉项的分位数回归，结果如表7-6所示。

表 7-6　全样本分位数回归结果

	被解释变量：AR					
	分位数回归					OLS
	0.1	0.25	0.5	0.75	0.9	(6)
DPTH	0.506* (0.273)	0.722*** (0.190)	0.977*** (0.186)	1.427*** (0.175)	2.030*** (0.298)	1.114*** (0.166)
logWTH	0.010** (0.004)	0.004 (0.004)	0.004 (0.004)	0.007 (0.005)	0.008 (0.007)	0.008** (0.004)
logSIZE	−0.029*** (0.004)	−0.009** (0.004)	−0.004 (0.003)	−0.010** (0.004)	−0.013* (0.007)	−0.015*** (0.004)
BM	0.074*** (0.002)	0.039*** (0.002)	0.0001 (0.003)	−0.033*** (0.004)	−0.071*** (0.006)	0.012*** (0.004)
DPTH×logWTH	−0.274* (0.167)	−0.382*** (0.118)	−0.519*** (0.109)	−0.777*** (0.083)	−1.155*** (0.160)	−0.614*** (0.101)
常数	0.115*** (0.040)	−0.004 (0.041)	0.019 (0.033)	0.156*** (0.042)	0.270*** (0.072)	0.128*** (0.037)
观测值	11，578	11，578	11，578	11，578	11，578	11，578
F-值						18.660***

注：括号内为标准差；* 表示 $p<0.1$；** 表示 $p<0.05$；*** 表示 $p<0.01$。

从表 7-6 中可看出：

（1）持股深度 DPTH 对股票超额收益影响的分位数回归系数和 OLS 回归结果有很大的差距。10 分位点至 90 分位点的回归系数分别为 0.506、0.722、0.977、1.427 和 2.030，随着分位数的增大，持股深度的回归系数也变大，即回归系数不相等，这说明持股深度对股票超额收益的影响程度是不一样的，但似乎关于 50 分位点是对称的，如 25 分位点和 75 分位点的系数分别为 0.722 和 1.427。

（2）持股宽度 logWTH 对股票超额收益影响的分位数回归系数和 OLS 回归结果变化较小。仅 10 分位点回归系数 0.010（$t=0.1/0.04=2.5$）是显著的；随着分位数的增大，持股深度的回归系数变化不大，如 90 分位数回归系数为 0.008，但均不显著。

（3）持股深度与持股深度的交叉项对股票超额收益影响的分位数回归系数和 OLS 回归系数也有很大的差异，但都存在负的显著影响。10 分位点至 90 分位点的回归系数分别为-0.274、-0.382、-0.519、-0.777 和-1.155，随着分位数的增大，交叉影响的回归系数值也变大，但仍为负的显著影响。这可能与持股深度对股票超额收益的影响不同有关，即对持股宽度和持股深度两个指标来说，持股深度对股票超额收益的影响更为重要，而且影响可能是非对称的。

对一个样本，估计的分位数回归式越多，对被解释变量条件分布的理解就越充分。为了更好地分析和解释基金持股对股票超额收益的影响，给出分位数点为间隔 1%的不同分位数回归的回归系数在不同分位点回归下的估计值变化情况，如图 7-1 所示。

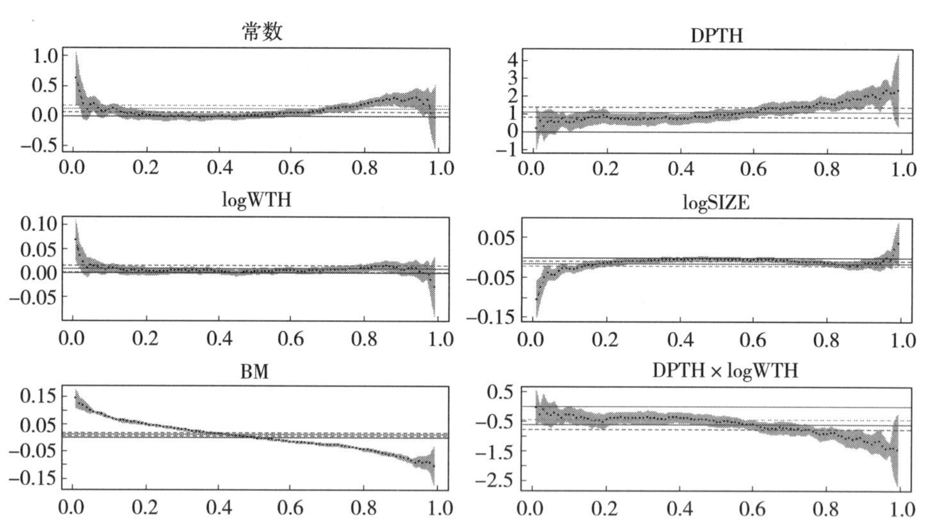

图 7-1　分位数回归系数估值走势

从图 7-1 中可看出，基金持股深度 DPTH 回归系数估计值走势随着分位数的增加，回归系数呈上升趋势，且大于 0；基金持股宽度 logWTH 回归系数基本在一个估值带中，只有极端时，才脱离估值带。基金持股深度 DPTH 和基金持股宽度 logWTH 交叉项的回归系数估值则随着分位数的增加而递减。

二、分位数回归系数检验

1. 分位数对称性检验

首先检验分位数回归系数关于中位数点 50 是否对称，检验结果如表 7-7 所示。

表 7-7 分位数系数对称性检验结果

检验：b（τ）+b（1-τ）-2×b（0.5）=0									
τ	0.1，0.9			0.2，0.8			0.25，0.75		
变量	Rstr-值	Std.	P-值	Rstr-值	Std.	P-值	Rstr-值	Std.	P-值
常数	0.348	0.085	0.000	0.191	0.058	0.001	0.114	0.049	0.020
DPTH	0.581	0.426	0.173	0.489	0.315	0.120	0.195	0.283	0.490
logWTH	0.010	0.010	0.319	0.006	0.006	0.319	0.004	0.005	0.490
DPTH×logWTH	-0.392	0.243	0.107	-0.321	0.189	0.089	-0.121	0.166	0.465
BM	0.003	0.007	0.728	0.004	0.006	0.497	0.007	0.005	0.186
LOGSIZE	-0.034	0.009	0.000	-0.019	0.006	0.001	-0.012	0.005	0.021
检验总结	χ^2 值	χ^2 自由度	P-值	χ^2 值	自由度	P-值	χ^2 值	自由度	P-值
Wald 检验	51.483	6	0.000	24.450	6	0.000	11.731	6	0.068

从表 7-7 中可看出，总体来看，对称性检验 Wald 统计量为 51.483、24.450 和 11.731，自由度为 6，概率为 0.000、0.000 和 0.068。这表明 0.1~0.9、0.2~0.8 和 0.25~0.75 分位数对的回归系数关于中位数 τ=0.5 是不对称的。

从个体变量的结果来看，基金持股深度的系数经济上相差比较大，大于 0.2，统计上不显著；持股宽度在经济意义上和统计意义上均不显著；两变量的交叉项系数的差值，在 10%的显著水平下，分位数对 0.1~0.9 以及 0.2~0.8 的回归系数是显著不对称的。这表明基金持股深度和基金持股宽度的系数关于

τ=0.5是非对称的，而交叉项的系数在远离对称轴 τ=0.5 时，是对称的。

2. 分位数系数相等性检验

从表 7-5 和图 7-1 中发现，分位数回归系数是不同的。检验分位数系数估值是否相等的结果如表 7-8 所示。

表 7-8　分位数系数相等检验结果

检验：　b（τ_h）-b（τ_k）=0									
变量	0.1，0.9			0.2，0.8			0.25，0.75		
	Rstr-值	标准差	P-值	Rstr-值	标准差	P-值	Rstr-值	标准差	P-值
DPTH	-1.524	0.389	0.000	-0.782	0.267	0.003	-0.705	0.257	0.006
logWTH	0.002	0.010	0.828	-0.007	0.006	0.209	-0.003	0.005	0.593
DPTH×logWTH	0.881	0.223	0.000	0.457	0.170	0.007	0.395	0.156	0.011
BM	0.145	0.007	0.000	0.094	0.005	0.000	0.072	0.004	0.000
logSIZE	-0.016	0.009	0.072	0.000	0.006	0.990	0.001	0.005	0.835
检验总结	χ^2 值	自由度	P-值	χ^2 值	自由度	P-值	χ^2 值	自由度	P-值
Wald 检验	594.770	5	0.000	446.176	5	0.000	309.8356	5	0.000

从表 7-8 中可看出：

分位数系数相等性检验的 Wald 统计量分别为 594.770、446.176 和 309.8356，自由度为 5，概率均为 0.000。这里检验的是第 0.1 和 0.9 分位数对、第 0.2 和 0.8 分位数对和第 0.25 和 0.75 分位数对回归的系数估计量是否相等。检验表明各分位数点对的斜率是显著不相等的。即相同条件下的不同分位数回归的被解释变量拟合值的分布是不同的。

从个体变量的结果来看，仅持股宽度系数在经济意义上几乎是一样的，但统计意义上不显著，也是一样的。也就是持股宽度在各分位数对的斜率是相等的；相同条件下的不同分位数回归的被解释变量拟合值的分布是相同的。持股深度以及持股深度和持股宽度的交叉项在各分位数对的斜率存在显著差异。

第五节 本章结论及展望

一、主要结论

本章选取 2006~2016 年的开放式基金持股明细数据以及持股的股票收益数据作为样本，采用多元线性回归、横截面回归以及分位数回归针对基金持股对股票预期超额收益的影响进行分析。

从 OLS 实证结果发现，持有股票的基金数越多，股票超额收益越大，说明基金机构持股宽度对超额收益的影响为正的显著影响；基金持股市值越高，股票超额收益越高；从 t 检验值看，持股宽度和持股深度对股票超额收益的影响显著为正，而两者交叉项对股票超额收益的影响显著为负。

从分位数回归结果看，持股深度对股票预期超额收益的影响是非对称的，而且回归系数变化很大；持股宽度对股票预期超额收益的影响是对称的，回归系数变化不大；交叉项对股票预期超额收益的影响是非对称的，而且回归系数变化很大。

二、不足与展望

不足：本章重点研究了开放式基金持股的宽度、深度对股票预期超额收益的影响，超额收益采用 Fama-French 三因子度量，控制变量采用市值和账面市值比两个因素，并未考虑到其他投资行为因素对于超额收益的影响，并未对其他模型度量的超额收益进行分析。

未来展望：可引入其他控制变量来更好地研究开放式基金持股行为对股票收益的影响，也可考虑其他模型讨论股票超额收益。

参考文献

[1] Alexakis C., N. Niarchos, T. Patra, S. Poshakwale. The Dynamics between Stock Returns and Mutual Fund Flows: Empirical Evidence from the Greek

Market [J]. International Review of Financial Analysis, 2005, 14 (5): 559-569.

[2] Daniel K., M. Grinblatt, S. Titman, R. Wermers. Measuring Mutual Fund Performance with Characteristic-Based Benchmarks [J]. The Journal of Finance, 1997, 52 (3): 1035-1058.

[3] Hung W., C. C. Lu, F. L. Cheng. Mutual Fund Herding Its Impact on Stock Returns: Evidence from the Taiwan Stock Market [J]. Pacific-Basin Finance Journal, 2010, 18 (5): 477-493.

[4] Li D. H., Moshirian Fariborz, Pham. When Financial Institutions are Large Shareholders: The Role of Macro Corporate Governance Environments [J]. Social Science Electronic Publishing, 2006, 61 (6): 2975-3007.

[5] Massa M.. How do Family Strategies Affect Fund Performance? When Performance-maximization is not the only game in town [J]. Journal of Financial Economics, 2003, 67 (2): 249-304.

[6] Wermers R.. Mutual Fund Herding and the Impact on Stock Prices [J]. The Journal of Finance, 1999, 54 (2): 581-622.

[7] Sias R. W., Laura T. Starks. Return Autocorrelation and Institutional Investors [J]. Journal of Financial Economics, 1997, 46 (1): 103-131.

[8] Wermers R., Yao Tong, Zhao Jane. Forecasting Stock Returns through an Efficient Aggregation of Mutual Fund Holdings [J]. Review of Financial Studies, 2012, 25 (12): 3490-3529.

[9] Sias R. W.. Volatility and the Institutional Investor [J]. Financial Analysts Journal, 1996, 52 (2): 13-20.

[10] 杜文意．基金重仓股股票收益与持股比例关系的实证分析[J].经济研究导刊，2010 (22): 52-54.

[11] 朱彤，叶静雅．投资评级发布日的机构投资者行为与证券的异常收益——来自上海证券市场的证据[J].金融研究，2009 (3): 154-170.

[12] 姜宝强．基金持股与股票收益率相互作用的机制研究[J].经济问题探索，2006 (5): 83-86.

［13］胡大春，金赛男．基金持股比例与 A 股市场收益波动率的实证分析[J].金融研究，2007（4）：129-142.

［14］祁斌，黄明，陈卓思．机构投资者与股市波动性[J].金融研究，2006（9）：54-64.

［15］高雅．媒体关注、资本市场效率与股票回报[D].对外经济贸易大学硕士学位论文，2013.

［16］姚颐，刘志远，相二卫．基金投资、价格压力效应与股票回报[C].中国金融评论国际研讨会，2010.

第八章 开放式股票型基金持股对基金预期超额收益的影响

第六章和第七章主要基于开放式基金有良好的绩效基准，根据它们的持股比例及基准来度量基金的信念差异，以研究基金信念差异对股票收益的影响。以基金持股与基金投资基准间的偏离程度来度量基金对信息的异质解读程度，进而研究其对股票超额收益的影响，即主要研究基金持股及持股信念差异偏离度对个股收益的影响。本章将研究基金持股行为对股票组合收益的影响。

基金是机构投资者投资股票的组合，即研究基金持股行为对股票组合收益的影响。开放式基金的规模会随着资金流动而发生变化，当有新资金流入时，基金怎样进行资金分配：继续增持原有股票还是新增其他股票？随着基金规模增大，投资组合中选择各种股票的权重是否独立于基金规模？同时，基金家族在不断发展壮大，而基金家族是由个体基金组合而成的，所以基金家族也可以看作一个投资组合。基金家族规模变动与家族投资行为的关系是怎样的，是否和个体基金一样？反过来个体基金是否会受到家族投资策略的影响？

第一节 相关研究文献及理论综述

一、相关理论

关于基金规模的理论主要有规模经济效应和投资组合理论两种。微观经济学中，一个企业在长期生产过程中，规模报酬的变化将呈现以下规律：当企业从最初的很小的生产规模开始逐步扩大的时候，企业面临的是规模报酬递增的阶段。在企业得到了由生产规模扩大所带来的产量递增的全部好处以后，一般会继续扩大生产规模，将生产保持在规模不变的阶段。在这以后，企业若继续扩大生产规模，就会进入一个规模报酬递减的阶段。如果把一只基金看成一个企业，投入是人力资源和信息资源，产出是基金绩效，那么基金规模与基金绩效的关系是否也存在上述现象。

现代投资组合风险分散理论认为：在一个投资组合中，如果持股宽度越大，持股的分散程度就越大，则这个组合的整体风险就会越小。因为组合中的每一个个体都有其自身的特质风险，这种风险来源都是独立性会提高，通过增加持股宽度，可以把特质风险降低到最小值，资产组合的波动性将最小。

二、文献综述

1. 对个体基金规模效应的研究

（1）基金规模与绩效呈负相关关系。Chen（2004）等利用 1962~1999 年美国股票型共同基金数据研究了基金规模与绩效的关系，发现基金绩效与基金规模呈负相关关系。他们推测由于流动性限制和组织结构的非规模性，基金规模会侵蚀基金业绩。Yan（2008）等利用 1992~2002 年美国主动管理型基金数据研究了流动性、投资风格和费率等对基金规模和基金绩效关系的影响，发现基金规模和绩效显著相关，而且流动性越差，规模与绩效之间的负相关关系越显著，说明流动性是基金规模侵蚀基金绩效的重要原因。Sawicki、Finn（2002）对澳大利亚市场的研究发现，小规模基金比大规模基金能获得更高的回报。Conrad（1996）等指出，历史收益率较高的基金会给本期带来较多的资金流入，但是这些基金的规模一旦增长扩大，在未来并不会比其他基金有超额的收益。Indro 等（1999）指出，规模越大可以有更多的资源投入研究以及减少单位基金投资的成本，但基金规模太大时，咨询收集与研究成本提高，反而造成规模不经济。

Latzko（1999）通过对 1984~1999 年基金的研究，发现基金成本规模的弹性小于 1，认为基金行业存在最优规模，当单位基金运营成本在基金规模达到 35 亿美元后会下降得很快。Dermine 等（1992）通过对法国基金的研究，发现类似的现象，但他们同时发现基金过大时也存在着规模不经济，并且认为基金的最优规模是 30 亿法郎。邓超、蔡奕奕（2005）以 2004 年 7 月 31 日为样本统计截止日，研究了配置型开放式基金规模与回报的关系，发现开放式基金规模同回报率有凸型关系。高士亮（2009）以我国 2004～2006 年的偏股型开放式基金为研究样本，检验了基金规模与费用、流动性和业绩之间的关系。结果表明，基金业绩和基金规模不成比例，开放式基金规模的增加在引发基金费用规模经济的同时，也会因降低基金流动性而损害基金业绩，同时，基金规模和基金业绩之间不成比例，而是存在倒“U”形的非线性关系。朱冰、朱洪亮（2011）研究了积极开放式基金的规模与收益的关系，结果发现，表现较好的基金能吸引更多新资金的流入，从而使基金规模增大，但随着基金规模的增大，基金收益率先上升后下降，即中等规模基金的未来收益最大，基金存在最优规模。

（2）基金规模与绩效非负相关关系。Dahlquist、Engstrom 和 Soderlind（2000）研究了瑞典市场基金绩效和规模、费率、交易频率的关系，结果表明，大规模股票型基金的绩效不如小规模股票型基金的绩效，而大规模债券型基金绩效比小规模债券型基金绩效好。Mark Grinblatt 等（1989）研究了均衡条件下基金的投资行为，发现基金规模和基金绩效成反比关系，但由于交易费用和基金规模成反比，故基金真正的净值回报率和基金规模无关。阙河士、方怡（2011）研究了基金投资非流动性对共同基金规模与绩效关系的影响，结果发现，高流动性大规模基金和小规模基金的绩效差异不明显，而低流动性大规模基金和小规模基金绩效差异显著。横断回归模型分析方法检验表示：非流动性对基金规模与绩效间的关系，具有显著负向干扰效果，而在控制基金投资非流动性与基金规模的互动效果后，基金规模对绩效影响具有正向的主效果。佘跃飞、邓超（2010）以股票型和配置型开放式基金为样本研究发现我国开放式基金市场不存在规模经济效益。

2. 对基金家族规模效应的研究现状

Alexander Kempf 和 Stefan Ruenzi（2005）研究了基金家族内各基金关系。发现小规模基金家族中绩效较差的基金风险较高，大规模基金家族中绩效较好的基金风险较高。Joseph Chen 等（2004）利用 1962~1999 年美国股票型共同基金数据研究了基金规模与绩效的关系，发现整个基金家族的规模看起来既不提高基金的收益，也不降低基金的收益。

李翔、林树、陈浩（2009）以 2004~2006 年的开放式基金为样本，研究基金家族增长模式下的基金规模与投资回报的关系，发现我国基金规模与基金绩效呈负相关关系。叶纯颐（2010）研究发现，基金业绩与基金上期规模成反比，与基金家族上期规模成正比；基金季度流量与基金超额收益成正比，与基金规模成反比，而与基金家族规模成正比。蔡奕奕、邓超（2005）研究发现，大规模家族成员基金的业绩更具有持续性，大规模家族成员基金间的业绩差距也具有持续性。于建科（2010）指出，家族基金存在共同持股现象，并认为双重经理制、股票市场规模、基金行业规模、基金家族规模、市场行情等都会影响共同持股现象。

3. 研究评述

可见，基金规模对基金绩效的影响是混合的，可能存在最优基金规模使基金绩效最优。基金在我国证券市场的重要性与日俱增，吸引了很多研究者的关注，但大多数研究者停留在对基金规模和基金绩效关系的研究层面上，很少有人关注基金规模与基金投资行为的关系。研究基金及其家族持股行为对股票超额收益的影响。开放式基金的规模会随着资金流动而发生变化，当有新资金流入时，基金怎样进行资金分配：继续增持原有股票还是新增其他股票？随着基金规模增大，投资组合中选择各种股票的权重是否独立于基金规模？

第二节 研究设计

一、研究假设

Chen（2004）等指出，流动性较低的股票在面对交易时，会形成较大的价格冲击，尤其当交易量非常巨大时，由于买卖非常困难，因此还会带来巨大的机会成本和时间成本。

假如基金经理不受限于流动性约束，那么他不用花费更多的成本来收集新的投资机会，而只需继续增持原有的股票。如果基金经理开始受限于流动性约束，他可能有两种投资行为：一是慢慢增加投资组合中的持股宽度，二是慢慢减少对持股深度的增加速度。因此本书主要有以下假设：

1. 个体基金规模对投资行为的影响

假设 1：基金规模扩张时，基金持股宽度会增加，持股深度会增加，但后者大于前者。

大规模基金的流动性不如小规模基金的流动性高；小盘股基金不如大盘股基金流动性高，而较大的持股宽度可以降低基金的非流动性。

假设 2：小盘股基金和大规模基金的持股宽度增加速度较快。

2. 基金家族规模对投资行为的影响

基金家族是个体基金的集合，如果个体基金持股宽度的增加速度较慢，那么其持股宽度的增加速度也应该和个体基金一样。

假设 3：基金家族规模扩张时，基金家族持股宽度的增加速度很慢；基金家族会通过建立新的基金来吸引资金流入。

个体基金是在基金家族的环境下运营的，基金家族的投资策略会影响个体基金的投资行为；由于大规模基金家族拥有更多的资源，更有实力来挖掘新的投资机会，因此对于大规模基金家族旗下的个体基金，持股宽度的增加速度较快。

假设 4：个体基金的投资行为会受基金家族的投资策略影响；大规模基金

家族旗下的基金持股宽度的增加速度大于小规模基金家族旗下的基金。

3. 持股宽度对超额收益率的影响

持股宽度越大的基金，它的风险较小，按照“高风险、高收益”原则，它的收益应该较小。

假设5：持股宽度越大，基金超额收益率越小。

二、数据来源及描述性统计

本章数据主要来源于锐思数据库，主要选取了2004~2011年股票型开放式基金的横截面数据，包括净资产总值、基金投资明细、基金财务指标、个股流通市值、市场收益率、无风险收益率等数据，以及每只基金的基金家族归属情况等数据。股票型开放式基金持股明细中剔除了因故而终止上市的新股，如立立电子、胜景山河等。将基金净值和基金持股明细等数据进行匹配，有些基金数据项有遗失的，剔除这些观测值。样本基金基本概况如表8-1所示。

表8-1　基金基本概况

年份	基金数量	家族数量	基金净值增长率	TNA总值（亿元）	股票总市值（亿元）	市场累计收益（%）
2004	5	3	1.03%	79.66	12782.39	-14.99
2005	18	16	0.02%	194.22	10025.70	-6.85
2006	51	32	0.34%	2348.55	14982.48	111.75
2007	79	41	0.81%	11043.41	58679.78	132.96
2008	112	50	0.14%	4880.02	64190.55	-64.55
2009	157	57	0.33%	8176.93	93424.35	90.20
2010	206	58	0.27%	7981.75	154022.66	-7.48
2011	255	59	0.12%	6048.56	193940.06	-23.46

三、变量说明与模型设定

1. 解释变量

这里解释变量分基金投资行为度量指标和基金规模度量指标两类。

（1）基金投资行为度量指标。

1）个体基金持股宽度指标。

S_{it}为基金 i 在 t 年末所投资不同股票的种类数量。由于在不同的模型中所需的数量级不一样，所以本书选择了两个指标代表基金的持股宽度。

（A）$logS_{it}$：$logS_{it}$为 S_{it}的对数，其值越大，表明基金 i 投资分散化程度越高，即持股宽度越大。

（B）$1/S_{it}$：$1/S_{it}$为 S_{it}的倒数，其值越小，表明基金 i 持股宽度越大。

2）个体基金持股深度指标。

$$logOwn_{it} = \sum w_{ijt} logc_{ijt} \tag{8-1}$$

式中，w_{ijt}表示基金 i 在 t 年末所持有的 j 股票市值占该基金净值的比例，c_{ijt}表示基金 i 对 j 股票的持股比例，等于基金 i 在 t 年末持有的 j 股票的市值除以 j 股票的总流通市值。故 $logOwn_{it}$表示 t 年末基金的平均持股深度。

3）个体基金投资风格指标。

$$style_{it} = \sum w_{ijt} mcap_{jt} \tag{8-2}$$

式中，$mcap_{jt}$表示 j 股票在 t 年末的总流通市值。故 $Style_{it}$表示 t 年末基金 i 所持股票的平均总流通市值。进而定义个体基金投资风格指标：

（A）LC_{it}：LC_{it}为虚拟变量。在 t 年末，将基金按照指标 $Style_{it}$从大到小排列，若基金 i 在样本中排名前 25%，则 LC_{it}取值为 1，表示基金 i 主要投资于大盘股；反之取值为 0，表示基金 i 主要投资于中小盘股。

（B）$Cap2_{it}$、$Cap3_{it}$：两者都为虚拟变量。在 t 年末，将基金按照指标 $Style_{it}$从大到小排列分为三类，若基金 i 在样本中排名前 1/3，则 $Cap3_{it}$取值为 1，表示基金 i 为大盘股基金，若排在中间的 1/3，则 $Cap2_{it}$取值为 1，表示基金 i 为中盘股基金。两者同时取值为 0，表示基金 i 为小盘股基金。

4）基金家族持股宽度指标。

$$S_{ft} = \sum S_{it} \tag{8-3}$$

$logS_{ft}$：S_{ft}表示基金家族 f 在 t 期末所持股票的种类数量，$logS_{ft}$为其对数，其值越大，表明基金家族中不同股票的种类数量越多，即持股宽度越大。$\Delta logS_{ft}$为 $logS_{ft}$在 t−1 年至 t 年的变化量，表示基金家族持股宽度的变化量。

5）基金家族成员数量指标。

$\log F_{ft}$：F_{ft}表示基金家族 f 在 t 年末时所拥有的基金数量，$\log F_{ft}$为 F_{ft}的对数，其值越大，表明基金家族中家族成员基金数量越多。$\Delta \log F_{ft}$为 $\log F_{ft}$在 t-1 年至 t 年的变化量，样本基金中未有清盘基金，故其值表示基金家族新增的基金数量。

（2）基金规模度量指标。

1）个体基金规模指标。

$$\log Flow_{it} = \log (TNA_{it}/TNA_{it-1}) - \log (1+R_{it}) \quad (8-4)$$

式中，TNA_{it}表示基金 i 在 t 年末的净资产值，R_{it}表示基金 i 在 t 年的累计单位净值增长率。$\log Flow_{it}$测量了当基金 i 在 t 年的投资收益率为零时的基金净值变化量，即基金的资金入流出情况。$\log Flow_{it}$为负时，表示资金的流出，$\log Flow_{it}$为正时，表示资金的流入。

HT_{it}：HT_{it}为虚拟变量。在 t 年末，把基金的净资产总值 TNA_{it}从大到小排列，若基金 i 在样本中排名前 25%，则 HT_{it}取值为 1，表示基金 i 属于大规模基金；反之则属于中小规模基金。

2）基金家族规模指标。

$$FamTNA_{ft} = \sum_{i=1} TNA_{it} \quad (8-5)$$

$\log FamTNA_{ft}$：$FamTNA_{ft}$表示 t 年末基金家族 f 的净资产总额，$\log FamTNA_{ft}$为其对数，其值越大，表明基金家族规模越大。$\Delta \log FamTNA_{ft}$为 $\log FamTNA_{ft}$在 t-1 年至 t 年的变化量，表示基金家族规模的变化。

BF_{it}：BF_{it}为虚拟变量。在 t 年末，把基金家族的净资产总值 $FamTNA_{ft}$从大到小排列，若基金家族 f 在样本中排名前 20%，则 BF_{it}取值为 1，表示基金 i 所在的基金家族 f 为大规模基金家族。

2. 被解释变量——超额收益度量指标

$$r_{it} = R_{it} - [b_p(R_{mt} - R_{ft}) + s_p SMB_t + h_p HML_t] \quad (8-6)$$

式中，R_{it}是基金 i 在 t 月的单位累计净值的增长率，R_{mt}表示 t 月的市场收益率，R_{ft}表示 t 月的无风险收益率，SMB_t 为 t 月的市值因子的模拟组合收益率，HML_t 为 t 月的账面市值比因子的模拟组合收益率。

首先根据基金月组合收益率前 36 个月的数据，运用 Fama-French 三因子模型进行滚动回归得到系数 b_p、s_p 和 h_p，根据式（8-6）用第 37 个月的基金累计净值增长率和三因子的数据回归得到第 37 个月的超额收益率 r_{it}。依次采用滚动类推的方法，可以得到每只基金从第 37 个月至 2011 年 12 月期间各个月的超额收益率。

3. 控制变量

$Ratio_{it}$ 是基金 i 在 t 年的费率，等于 t 年的基金费用除以 t 年末的基金净资产总值；$logAge_{it}$ 表示基金 i 成立的年龄，用成立月至 t 年时的月数+1 的 log 对数表示。

四、模型设定

为了检验假设 1 至假设 5，设计以下模型：

1. 个体基金规模对投资行为的影响

$$\Delta logS_{it}=\alpha_1+\beta_{11}logFlow_{it}+\beta_{12}logS_{it-1}+\beta_{13}logOwn_{it-1}+\beta_{14}X_{it-1}+\beta_{15}X_{it-1}\times logFlow_{it}+\varepsilon_{1it} \tag{8-7}$$

$$\Delta logOwn_{it}=\alpha_2+\beta_{21}logFlow_{it}+\beta_{22}logS_{it-1}+\beta_{23}logOwn_{it-1}+\beta_{24}X_{it-1}+\beta_{25}X_{it-1}\times logFlow_{it}+\varepsilon_{2it} \tag{8-8}$$

式中，X_{it} 表示虚拟变量 HT_{it} 和 LC_{it}。

2. 基金家族规模对投资行为的影响

$$\Delta X_{ft}=\alpha+\beta_1\Delta logFamTNA_{ft}+\beta_2X_{ft-1}+\varepsilon_{ft} \tag{8-9}$$

式中，ΔX_{ft} 分别表示 $\Delta logF_{ft}$ 和 $\Delta logS_{ft}$，X_{ft} 表示相应的 $logF_{ft}$ 和 $logS_{ft}$。

$$\Delta logS_{it}=\alpha+\beta_1logFlow_{it}+\beta_2BF_{it-1}+\beta_3HT_{it-1}+\beta_4HT_{it-1}\times BF_{it-1}+\beta_5BF_{it-1}\times logFlow_{it}+\beta_6HT_{it-1}\times logFlow_{it}+\beta_7HT_{it-1}\times BF_{it-1}\times logFlow_{it}+\varepsilon_{it} \tag{8-10}$$

3. 持股宽度对超额收益率的影响

$$r_{it}=\alpha+\beta_1logFamTNA_{it-1}+\beta_2Ratio_{it-1}+\beta_3logAge_{it-1}+\beta_4logTNA_{it-1}+\beta_5 logTNA_{it-1}\times Cap2_{it-1}+\beta_6logTNA_{it-1}\times Cap3_{it-1}+\beta_7 1/S_{it-1}+\beta_8 1/S_{it-1}\times$$

$$Cap2_{it-1}+\beta_9 1/S_{it-1}\times Cap3_{it-1}+\beta_{10}Cap2_{it-1}+\beta_{11}Cap3_{it-1}+\varepsilon_{it} \quad (8-11)$$

第三节 实证检验及分析

一、个体基金规模对投资行为的影响

对于个体基金投资行为，主要从两方面考察：一是基金持股深度，即基金投资组合中持股比例；二是基金持股宽度，即基金投资分散化程度。

1. 对于持股宽度的研究

表 8-2 是根据式（8-7）对样本基金 2004~2011 年横截面数据进行回归的结果，括号内为 t 值。

表 8-2 规模对持股宽度影响的回归结果

因变量：$\Delta logS_{it}$								
	模型（1）	模型（2）	模型（3）	模型（4）	模型（5）	模型（6）	模型（7）	模型（8）
$logFlow_{it}$	0. 146 （4. 452）	0. 151 （4. 438）	0. 168 （4. 559）	0. 169 （4. 600）	0. 177 （5. 462）	0. 174 （5. 191）	0. 202 （5. 597）	0. 199 （5. 516）
$logS_{it-1}$	−0. 333 （−9. 465）	−0. 352 （−9. 782）	−0. 345 （−9. 414）	−0. 356 （−9. 582）	−0. 283 （−7. 984）	−0. 289 （−7. 653）	−0. 301 （−8. 318）	−0. 293 （−7. 722）
$logOwn_{it-1}$					0. 082 （5. 137）	0. 079 （4. 541）	0. 091 （5. 608）	0. 096 （5. 297）
HT_{it-1}		0. 059 （2. 348）		0. 055 （2. 189）		0. 015 （0. 569）		−0. 005 （−0. 175）
$HT_{it-1}\times logFlow_{it}$		0. 083 （0. 610）		0. 175 （1. 184）		0. 052 （0. 392）		0. 167 （1. 168）
LC_{it-1}			0. 033 （1. 453）	0. 025 （1. 073）			0. 057 （2. 571）	0. 063 （2. 689）
$LC_{it-1}\times logFlow_{it}$			−0. 104 （−1. 293）	−0. 125 （−1. 430）			−0. 102 （−1. 317）	−0. 148 （−1. 738）
R^2	0. 211	0. 222	0. 219	0. 228	0. 257	0. 258	0. 273	0. 276

从表 8-2 中可看出：

（1）模型（1）到模型（8）的结果看，$logFlow_{it}$所有的回归系数为正，在 14.6%~20.2%，均值为 15.2%。

（2）$logS_{it-1}$所有的回归系数为负，说明本期基金持股宽度和上期的持股宽度负相关。因此，虽然基金规模扩大 1%，但基金的持股宽度平均只增加 0.15%，可能就是因为和上期基金持股宽度有关，这表明基金增加持股宽度的边际率是递减的。

（3）$logOwn_{it-1}$所有的回归系数为正，表明上一期持股深度越大，投资组合内持股宽度增加得越快，流动性约束导致基金不能无限制地提高投资组合的持股深度。

（4）$HT_{it-1} \times logFlow_{it}$的回归系数为正，表明大规模基金对于资金流入时持股宽度增加的速度将更快。

（5）$LC_{it-1} \times logFlow_{it}$的回归系数为负，表明大盘股基金对于资金流入时持股宽度增加的速度将更慢。这符合前面的假设，因为大规模基金和小盘股基金的流动性更差，因此投资分散化速度会更快。

2. 对于持股深度的研究

表 8-3 是根据式（8-8）对样本基金 2004~2011 年的横截面数据进行回归的结果，括号内为 t 值。

表 8-3 规模对持股深度影响的回归结果

因变量：$\Delta logOwn_{it}$								
	模型（1）	模型（2）	模型（3）	模型（4）	模型（5）	模型（6）	模型（7）	模型（8）
$logFlow_{it}$	0.415 （5.658）	0.452 （6.042）	0.414 （5.057）	0.428 （5.318）	0.434 （5.936）	0.459 （6.124）	0.441 （0.000）	0.442 （5.460）
$logS_{it-1}$					0.190 （2.367）	0.103 （1.223）	0.220 （0.008）	−0.124 （1.456）
$logOwn_{it-1}$	−0.418 （−11.946）	−0.457 （−12.614）	−0.427 （−11.774）	−0.494 （−12.774）	−0.395 （−10.918）	−0.439 （−11.301）	−0.406 （−11.012）	−0.475 （−11.687）

续表

因变量：$\Delta logOwn_{it}$								
	模型（1）	模型（2）	模型（3）	模型（4）	模型（5）	模型（6）	模型（7）	模型（8）
HT_{it-1}		0.168 (3.024)		0.215 (3.673)		0.145 (2.496)		0.192 (3.175)
$HT_{it-1}\times logFlow_{it}$		−0.173 (−0.580)		−0.300 (−0.935)		−0.178 (−0.597)		−0.287 (−0.894)
LC_{it-1}			−0.047 (−0.959)	−0.135 (−2.591)			−0.079 (−1.557)	−0.144 (−2.744)
$LC_{it-1}\times logFlow_{it}$			−0.017 (−0.096)	0.134 (0.710)			−0.056 (−0.318)	0.101 (0.530)
R^2	0.322	0.343	0.323	0.354	0.330	0.345	0.334	0.357

从表 8-3 中可发现：

（1）$logFlow_{it}$的回归系数为正，均值为 43.6%，表明资金流入 1%，基金持股深度增加 0.44%。注意和表 8-2 对比，$logFlow_{it}$对基金持股宽度的系数均值为 15.2%，这说明资金流入后，较之增加投资组合内的持股宽度，基金经理更快地提高投资组合的持股深度。

（2）$logS_{it-1}$的回归系数除（8）列都为正，说明上一期股票数目多的组合，当期提高持股深度的速度较快，这是因为股票数目多的投资组合面临的流动性约束较小。但同时考虑到规模大小因素和大小盘股票因素，持股深度和持股数量的关系就为负，这充分说明基金的规模和投资风格对基金的持股深度有显著影响。

（3）$logOwn_{it-1}$的回归系数为负，说明上期持股深度越大，越会降低本期持股深度增加的速度。

（4）$HT_{it-1}\times logFlow_{it}$的回归系数为负，说明大规模基金对于资金流入时增加持股深度的速度小于中小规模基金，这可能是因为大规模基金受到的流动性约束更为明显，但这个统计量不显著。

（5）$LC_{it-1}\times logFlow_{it}$的回归系数为正时，即在不加大规模基金控制变量时

【见模型（3）和（7）】，说明大盘股基金对于资金流入时提高持股深度的速度大于中小盘股基金，但这个统计量不显著。当再加入不加大规模基金控制变量时【见模型（4）和模型（8）】，该回归系数为负，说明当基金规模一定时，大盘股基金对于资金流入时提高持股深度的速度小于中小盘股基金，但这个统计量也不显著。

二、基金家族规模对投资行为的影响

由于基金家族一般会引进新的基金来吸引更多的资金流入，那么这些新建立的基金和持股宽度有关系吗？如果有关系，也就表明个体基金的持股宽度会受整个家族环境影响。所以本部分主要考察了两个方面：一个是规模对基金家族持股宽度和设立新基金行为的影响；另一个是基金家族的投资策略对个体基金持股宽度的影响。

1. 基金规模对基金家族持股宽度和设立新基金行为的影响

按基金家族规模大小将其分成 5 组分别进行回归，第 1 组为最小规模基金家族，第 5 组为最大规模基金家族，表 8-4 为式（8-9）的回归结果，括号内为 t 值。

表 8-4　规模对基金家族投资行为影响的回归结果

方程：$\Delta X_{ft}=\alpha+\beta_1\Delta logFamTNA_{ft}+\beta_2X_{ft-1}+\varepsilon_{ft}$				
家族规模分组	X_{ft}	$logFamTNA_{ft}$	X_{ft-1}	R^2
smallest	$\Delta logF_{ft}$	0.119 (3.110)	-0.028 (-0.371)	0.112
	$\Delta logS_{ft}$	0.059 (0.794)	-0.668 (-6.866)	0.390
2	$\Delta logF_{ft}$	0.172 (6.000)	-0.048 (-0.952)	0.375
	$\Delta logS_{ft}$	0.122 (3.465)	-0.232 (-4.236)	0.324
3	$\Delta logF_{ft}$	0.085 (3.349)	-0.128 (-2.522)	0.259
	$\Delta logS_{ft}$	0.264 (4.354)	-0.192 (-2.432)	0.426

续表

方程：$\Delta X_{ft}=\alpha+\beta_1\Delta logFamTNA_{ft}+\beta_2X_{ft-1}+\varepsilon_{ft}$				
家族规模分组	X_{ft}	$logFamTNA_{ft}$	X_{ft-1}	R^2
4	$\Delta logF_{ft}$	0. 149 (6. 195)	-0. 006 (-0. 122)	0. 362
	$\Delta logS_{ft}$	0. 302 (6. 786)	-0. 180 (-2. 752)	0. 545
5	$\Delta logF_{ft}$	0. 149 (6. 195)	-0. 006 (-0. 122)	0. 362
	$\Delta logS_{ft}$	0. 302 (6. 786)	-0. 180 (-2. 752)	0. 545
largest	$\Delta logF_{ft}$	0. 063 (2. 551)	-0. 151 (-3. 673)	0. 327
	$\Delta logS_{ft}$	0. 142 (3. 673)	-0. 294 (-6. 295)	0. 569

从表 8-4 中可看出：

（1）对于 $\Delta logF_{ft}$，每组中的 $\Delta logFamTNA_{ft}$ 的回归系数均为正，说明基金家族规模增大和家族成立新的基金有关。对于 $\Delta logS_{ft}$，每组中的 $\Delta logFamTNA_{ft}$ 的回归系数也均为正，说明基金家族规模扩张后，家族所持股票数量也增加。

（2）注意第 1 组基金数量的增加速度比股票数量的增加速度快；从第 3 组开始，基金数量的增加速度比股票数量的增加速度慢。这可能是因为小的基金家族各方面的实力不够，研究的投资机会少，股票池较小，故小的基金家族投持股宽度较小，新成立的基金中的投资种类和原有的基金投资种类差不多，出现共同持股现象；而大的基金家族实力雄厚，更倾向于增加持股宽度，新成立的基金的投资种类和原有的基金投资种类截然不同，共同持股程度低。

2. 基金家族投资策略对个体基金持股宽度的影响

按当年家族基金成员数量排序，家族中成员基金数量大于或等于 5 只的分为（1）、（2）组，少于 5 只的分为（3）、（4）组，表 8-5 为式（8-10）的回归结果，括号内为 t 值。

表 8-5　基金家族投资策略对个体基金持股宽度影响的回归结果

因变量：$\Delta logS_{it}$				
	组（1）基金成员多	组（2）基金成员多	组（3）基金成员少	组（4）基金成员少
$logFlow_{it}$	0.017 (0.078)	0.019 (0.093)	0.147 (3.036)	0.135 (3.261)
BF_{it-1}	0.025 (0.762)	0.027 (0.832)	-0.015 (-0.405)	-0.034 (-1.095)
HT_{it-1}	-0.427 (-0.270)	-0.475 (-0.299)	0.054 (0.528)	0.092 (1.052)
$BF_{it-1}\times HT_{it-1}$	0.399 (0.252)	0.451 (0.284)	-0.015 (-0.137)	0.022 (0.229)
$BF_{it-1}\times logFlow_{it}$	0.304 (1.320)	0.303 (1.309)	-0.009 (-0.082)	-0.032 (-0.350)
$HT_{it-1}\times logFlow_{it}$	-17.963 (-0.278)	-19.832 (-0.306)	0.399 (0.569)	0.408 (0.680)
$BF_{it-1}\times HT_{it-1}\times logFlow_{it}$	18.220 (0.282)	20.071 (0.310)	-0.339 (-0.464)	-0.298 (-0.477)
$logS_{it-1}$		-0.033 (-0.609)		-0.458 (-10.600)
R^2	0.178	0.181	0.042	0.299

从表 8-5 中可看出：

（1）组（1）、组（2）表示家族中成员基金数量多的回归情况，组（3）、组（4）表示家族中成员基金数量少的回归情况。综合来看，$logFlow_{it}$的系数为正，和前面的结论一致，即资金流入会增加投资组合中的持股宽度。

（2）组（1）、组（2）和组（3）、组（4）对比，发现基金 i 在有其他较多成员基金的家族中投资分散化速度更慢。这说明基金家族的投资策略对成员基金的投资行为有影响，例如产品分支化策略会限制基金成员增加持股宽度。对家族基金成员数量少的基金来说，当增加 $logS_{it-1}$变量时，R^2 会显著增加，说明上期基金的持股宽度对家族成员数量少的基金持股宽度的影响很大。对家族基金成员数量多的基金来说，$BF_{it-1}\times logFlow_{it}$的系数为正，而且显著，说明基金在成员数量多的大家族中持股宽度增加速度较快，再次说明大基金家族拥有实力，能找到更多的投资机会。

三、持股宽度对基金收益率的影响

本部分将检验基金的持股宽度对基金超额收益率是否有影响。因为基金必须有 4 年的收益数据，因此选择了在 2008 年前成立的基金样本，共 112 只基金，来自 50 个基金家族。表 8-6 是根据式（8-11）而得的回归结果，括号内为 t 值。

表 8-6　持股宽度对超额收益率影响的回归结果

因变量：r_{it}						
	组（1）	组（2）	组（3）	组（4）	组（5）	组（6）
$logFamTNA_{it-1}$			0.001 (0.316)	0.008 (3.468)	0.000 (−0.118)	0.007 (3.000)
$Ratio_{it-1}$				0.011 (0.211)		0.008 (0.154)
$logAge_{it-1}$				−0.284 (−5.495)		−0.281 (−5.270)
$LogTNA_{it-1}$		0.003 (2.506)	0.003 (1.356)	0.002 (1.057)	0.007 (1.783)	0.004 (1.022)
$LogTNA_{it-1}\times Cap2_{it-1}$					−0.006 (−1.467)	−0.003 (−0.733)
$LogTNA_{it-1}\times Cap3_{it-1}$					−0.002 (−0.462)	0.000 (−0.043)
$1/S_{it-1}$	0.004 (0.162)	0.012 (0.467)	0.013 (0.482)	−0.009 (−0.344)	0.009 (0.313)	−0.016 (−0.578)
$1/S_{it-1}\times Cap2_{it-1}$					0.082 (0.455)	−0.004 (−0.024)
$1/S_{it-1}\times Cap3_{it-1}$					−0.003 (−0.019)	0.080 (0.587)
$Cap2_{it-1}$					0.058 (1.399)	0.029 (0.697)
$Cap3_{it-1}$					0.016 (0.431)	−0.001 (−0.015)

从表 8-6 中可看出：

第一，组（1）是超额收益率对持股宽度的单独回归，结果发现两者成反比，即持股宽度越高，超额收益率越低，但这并不显著。

第二，组（2）加入了基金规模变量，发现基金规模越大，超额收益率越高。国内已有部分学者证实规模与收益存在凸性关系，这也许是因为样本中的基金规模还相对较小，没到最高值。加入控制变量因素后，可以发现基金家族规模对基金有显著影响，家族规模越大，基金的收益越高。持股宽度与风险调整收益率成正比，但也不显著。

第三，组（5）和组（6）加入了投资风格因素，但发现与投资风格有关的系数都不显著，这说明投资风格对超额收益率没有太大影响。

综合来看，持股宽度对基金超额收益率影响不显著，并且投资风格对两者的关系也没有显著影响。这也许是因为样本基金的持股宽度都已经将基金的特质风险分散化了，导致持股宽度对超额收益率影响不显著。

第四节　本章结论

一、主要结论

本章以股票型开放式基金为样本，以年度为时间跨度，收集了 2004 年 1 月至 2011 年 12 月所有样本基金的横截面数据，采用组合分析法和多元线性回归分析法，实证研究了规模对个体基金投资行为和基金家族投资行为的影响，并检验了持股宽度对超额收益率的影响。实证结果表明：

首先，随着规模增长，基金会优先选择增持原有股票的持股深度。这说明基金经理对其他投资机会并不感兴趣，除非流动性约束迫使他们增加持股宽度。他们偏向于关注自己仅有的投资集合，就像 Mark Twain 的投资建议一样："把你所有的鸡蛋装进一个篮子里，然后只需照顾好这一个篮子。"

其次，投资组合中持股宽度是以边际递减的方式增加的。但是，对于小盘股基金和大规模基金，持股宽度的增加速度很快。该实证结果可能为非流动性能侵蚀基金绩效提供了新的证据，即基金经理不能随着基金规模的增加而做出其他更优的投资决策，只能选择次优的投资决策，故基金随着净值增长开始投资分散化并且变得不规模化。

再次，随着规模增长，小规模家族持股宽度的增加速度不如大规模家族。这可能是因为资金技术等实力原因，大规模家族可以找到更多较优的投资机会。新成立的基金，小规模家族的基金共同持股现象较严重。这似乎表明个体基金会受基金家族投资策略的影响，基金家族里成员数量较多的基金的投资分散化速度较慢。

最后，检验了持股宽度对持有股票的超额收益率的影响，发现两者并不存在显著的关系，而且投资风格对这两者的关系也没有显著的影响。而国外的研究发现，投资分散化程度与超额收益率呈正相关关系，而且小盘股基金能从投资分散化中受益更多。产生这一差距的原因可能是：中国共同基金行业才开始发展，而且证券市场也不像国外那么成熟；也可能是在样本基金组合中，即使是持股数量最小的基金其所持的股票都已经将特质风险分散了。

二、不足与展望

可能存在以下局限：首先是数据范围的局限，研究数据全是根据基金年数据计算得来的，对于基金在一年期间内股票投资的交易行为等详细情况无法了解，如在年内基金可能对某只股票进行了多次的买卖；另外，仅从基金持股宽度和持股深度来研究基金的投资行为，对于其他投资行为并未涉及。这需要进一步的深入研究。

参考文献

[1] Alexander K., Stefan R.. Tournaments in Mutual Fund Families [R]. Working Paper, University of Cologne, 2005.

[2] Conrad S. Ciccotello, C. Terry Grant. Equity Fund Size and Growth: Implications for Performance and Selection [J]. Financial Services Review, 1996, 5 (1): 1-12.

[3] Dahlquist M., Engstrom S., Soderlind P.. Performance and Characteristics of Swedish Mutual Funds [J]. Journal of Financial and Quantitative Analysis, 2000, 35 (3): 409-423.

[4] Dermine J., Neven D., Thisse J. F.. Towards an Equilibrium Model of the Mutual Funds Industry [J]. Journal of Banking and Finance, 1992 (15): 48-99.

[5] Indro D., Jiang C., Hu M., Lee W.. Mutual Fund Performance: Does Fund Size Matter? [J]. Financial Analysis Journal, 1999, 55 (3): 74-87.

[6] Jonathan B. Berk, Richard C. Green. Mutual Fund Flows and Performance in Rational Markets [J]. Journal of Political Economy, 2004, 112 (6): 1269-1295.

[7] Joshua M. Pollet, Mungo Wilson. How Does Size Affect Mutual Fund Behavior? [J]. Journal of Finance, 2008, 63 (6): 2941-2969.

[8] Joseph Chen, Harrison Hong, Ming Huang, Jeffrey D. Kubik. Does Fund Size Erode Mutual Fund Performance? The Role of Liquidity and Organization [J]. American Economic Review, 2004, 94 (9): 1276-1302.

[9] Latzko D.. Economics of Scale in Mutual Fund Administration [J]. Journal of Financial Research, 1999, 22 (3): 33.

[10] Mark Grinblatt, Sheridan Titman. Mutual Fund Performance: An Analysis of Quarterly Portfolio Holdings [J]. Journal of Business, 1989, 62 (3): 393-416.

[11] Russell R. Wermers. Mutual Fund Performance: An Empirical Decomposition into Stock-picking Talent, Style, Transactions Costs and Express [J]. Journal of Finance, 2000, 55 (4): 1655-1695.

[12] Sawicki J., Finn F.. Smart Money and Small Funds [J]. Journal of Business Finance and Accounting, 2002, 29 (5): 825-846.

[13] Yan X. Liquidity, Investment Style, and the Relation between Fund Size and Fund Performance [J]. Journal of Financial and Quantitative Analysis, 2008, 43 (3): 741-768.

[14] 蔡奕奕，邓超．基金家族与基金业绩相关关系实证研究[J]. 湖南工程学院学报，2005（4）：13-16.

[15] 邓超，蔡奕奕．我国配置型开放式基金规模与回报关系的实证研究[J]. 中南大学学报（社会科学版），2005，11（5）：620-624.

[16] 高士亮．开放式基金规模与公司业绩关系的实证研究[J]. 经济经纬，2009（2）：95-98.

[17] 李翔，林树，陈浩．为什么基金投资收益与基金规模负相关——一个新的理论解释[J]. 学海，2009（2）：112-117.

[18] 鲁炜，蔡冬梅．开放式基金规模与业绩关系的实证研究[J]. 经济纵横，2007（16）：21-24.

[19] 阙河士，方怡．基金持股不流动性对共同基金规模与绩效关系之影响[J]. 中华管理评论国际学报，2011（2）：1-20.

[20] 佘跃飞，邓超．我国开放式基金规模与回报相关关系实证研究[J]. 系统工程，2010，28（4）：74-78.

[21] 叶纯颐．基金家族与成员基金业绩的关系研究[D]. 南开大学博士学位论文，2010.

[22] 于建科．中国基金家族旗下基金非独立性研究[D]. 南开大学博士学位论文，2010.

[23] 张中杰．开放式基金规模变动对其投资行为的影响[J]. 世界经济情况，2010（9）：33-38.

[24] 朱冰，朱洪亮．基金规模对基金投资行为和绩效的影响研究[J]. 金融理论与实践，2011（2）：80-85.

附录 A　三因子回归程序

```
%-------读入的文件夹名称-------%
filename='C:\Users\Administrator\Desktop\三因子数据.xls';
%-------读入的文件夹名称-------%
%--------待写入的文件名称-------%
resultname='C:\Users\Administrator\Desktop\结果';
%--------待写入的文件名称-------%
  fidrst=fopen(resultname,'w+');
    N=4;
    fprintf(fidrst,'%s','日期/股票');
    fprintf(fidrst,'\t');
    fprintf(fidrst,'%s','样本量');
    fprintf(fidrst,'\t');
    for i=1:N
       fprintf(fidrst,'%s','回归系数',num2str(i));
        fprintf(fidrst,'\t');
        fprintf(fidrst,'%s','对应的 t 值',num2str(i));
        fprintf(fidrst,'\t');
    end
    fprintf(fidrst,'%s','R 方');
    fprintf(fidrst,'\t\n');
    [temp1,temp2,data1]=xlsread(filename);%打开.xls 文件
    datalen=length(temp1);   %temp1 的行数为有效数据的行数
    monthRec=0;
    %-------数据中日期的数目及每日的股票数-------%
```

```
data=temp2(2:datalen+1,1);
[DateNum,StockNum]=CountNum(data,100);
%-------数据中股票的数目及每只股票的记录数-------%
StartRec=1;
realRec=1;
for i=1:DateNum
        realRec=realRec+StockNum(i);
        EndRec=StartRec+StockNum(i);
        RessVec=(temp1(StartRec:EndRec-1,4));
        RessCoffMatrix=[(temp1(StartRec:EndRec-1,1:3))];
        stats=regstats(RessVec,RessCoffMatrix)
        RecDate=char(temp2(realRec-1,1));
        fprintf(fidrst,'%c',RecDate);%日期/股票等
        fprintf(fidrst,'\t');
        fprintf(fidrst,'%f',StockNum(i));
        fprintf(fidrst,'\t');
        for k=1:N
              fprintf(fidrst,'%f',stats.beta(k));%系数
              fprintf(fidrst,'\t');
              fprintf(fidrst,'%f',stats.tstat.t(k));%相应系数的t值
              fprintf(fidrst,'\t');
        end
        fprintf(fidrst,'%f',stats.rsquare);%R^2
        fprintf(fidrst,'\t');
        fprintf(fidrst,'\n');
end
%关闭待写入的文件
fclose('all');
```

附录 B 其他信息指标的横截面回归结果

表 B-1 信息熵回归结果

月份①	样本	常数	γ^{M}	γ^{S}	γ^{H}	γ^{BM}	γ^{SIZE}	γ^{EN}	R^2	Adj_R^2
20111	259	−0. 108	−0. 006	0. 015	0. 018	0. 122	0. 012	−0. 154	0. 345	0. 329
		0. 007	0. 685	0. 007	0. 002	0. 000	0. 019	0. 283		
20112	257	0. 128	0. 017	−0. 004	0. 000	−0. 081	−0. 011	0. 040	0. 123	0. 102
		0. 000	0. 027	0. 183	0. 949	0. 000	0. 015	0. 747		
20113	257	−0. 073	0. 011	−0. 001	0. 014	0. 022	0. 011	−0. 152	0. 137	0. 116
		0. 044	0. 228	0. 843	0. 002	0. 485	0. 047	0. 246		
20114	259	−0. 070	−0. 016	0. 005	−0. 003	0. 118	0. 005	0. 059	0. 135	0. 115
		0. 034	0. 049	0. 304	0. 347	0. 000	0. 332	0. 639		
20115	262	−0. 089	−0. 044	0. 001	0. 002	−0. 032	0. 012	0. 092	0. 156	0. 136
		0. 001	0. 000	0. 911	0. 337	0. 093	0. 001	0. 319		
20116	262	0. 079	−0. 007	−0. 003	0. 006	−0. 113	0. 001	−0. 035	0. 110	0. 089
		0. 015	0. 539	0. 531	0. 048	0. 000	0. 857	0. 731		
20117	263	0. 183	−0. 053	−0. 026	−0. 007	−0. 131	−0. 011	−0. 212	0. 289	0. 272
		0. 000	0. 000	0. 000	0. 082	0. 000	0. 031	0. 121		
20118	265	0. 041	−0. 050	−0. 024	−0. 032	0. 227	−0. 023	0. 062	0. 465	0. 452
		0. 222	0. 000	0. 000	0. 000	0. 000	0. 000	0. 579		
20119	267	−0. 112	−0. 032	−0. 015	0. 024	−0. 006	0. 009	−0. 028	0. 206	0. 188
		0. 000	0. 007	0. 011	0. 000	0. 761	0. 051	0. 791		
201110	267	0. 074	−0. 024	−0. 001	0. 015	0. 023	−0. 001	−0. 086	0. 183	0. 164
		0. 009	0. 017	0. 746	0. 000	0. 188	0. 773	0. 363		
201111	267	0. 062	−0. 078	−0. 009	−0. 013	−0. 067	0. 001	−0. 137	0. 356	0. 341
		0. 029	0. 000	0. 006	0. 000	0. 000	0. 882	0. 147		

① 附录中月份处的“20111”表示 2011 年 1 月，“20112”表示 2011 年 2 月，依次类推。

续表

月份	样本	常数	γ^{M}	γ^{S}	γ^{H}	γ^{BM}	γ^{SIZE}	γ^{EN}	R^2	Adj_R^2
201112	269	−0. 206	−0. 025	−0. 015	0. 004	0. 043	0. 023	0. 010	0. 123	0. 103
		0. 000	0. 068	0. 099	0. 517	0. 076	0. 000	0. 948		
20121	288	−0. 187	0. 093	−0. 027	0. 001	0. 067	0. 014	0. 010	0. 315	0. 301
		0. 000	0. 000	0. 000	0. 859	0. 001	0. 004	0. 923		
20122	288	0. 213	−0. 013	−0. 004	0. 004	−0. 041	−0. 019	0. 091	0. 144	0. 126
		0. 000	0. 088	0. 311	0. 224	0. 004	0. 000	0. 349		
20123	287	0. 027	−0. 050	−0. 020	0. 010	−0. 056	−0. 004	0. 051	0. 109	0. 090
		0. 456	0. 000	0. 001	0. 044	0. 002	0. 386	0. 640		
20124	289	0. 006	0. 046	−0. 008	0. 005	0. 006	0. 001	0. 026	0. 271	0. 255
		0. 804	0. 000	0. 019	0. 078	0. 664	0. 890	0. 755		
20125	291	0. 117	0. 001	−0. 010	−0. 005	−0. 040	−0. 010	−0. 233	0. 079	0. 059
		0. 000	0. 893	0. 023	0. 355	0. 043	0. 039	0. 048		
20126	290	0. 036	−0. 096	−0. 019	0. 001	−0. 049	0. 010	−0. 194	0. 353	0. 339
		0. 293	0. 000	0. 000	0. 839	0. 008	0. 029	0. 141		
20127	291	−0. 095	−0. 026	−0. 032	0. 001	0. 013	0. 011	−0. 031	0. 183	0. 165
		0. 003	0. 000	0. 000	0. 732	0. 447	0. 014	0. 765		
20128	290	−0. 027	−0. 017	0. 017	−0. 011	0. 007	−0. 001	−0. 023	0. 107	0. 088
		0. 414	0. 026	0. 009	0. 022	0. 723	0. 856	0. 839		
20129	288	−0. 098	0. 054	0. 016	−0. 004	−0. 075	0. 021	0. 012	0. 232	0. 216
		0. 002	0. 000	0. 011	0. 288	0. 000	0. 000	0. 902		
201210	286	−0. 026	−0. 022	−0. 021	0. 000	0. 048	−0. 001	0. 066	0. 127	0. 108
		0. 418	0. 012	0. 000	0. 994	0. 000	0. 877	0. 539		
201211	289	−0. 220	−0. 008	−0. 001	0. 016	0. 080	0. 024	−0. 119	0. 331	0. 317
		0. 000	0. 406	0. 931	0. 000	0. 000	0. 000	0. 265		
201212	290	0. 092	0. 112	−0. 001	0. 007	−0. 050	−0. 008	0. 149	0. 323	0. 308
		0. 004	0. 000	0. 878	0. 034	0. 001	0. 074	0. 186		
20131	254	−0. 037	0. 014	0. 028	−0. 005	0. 011	0. 008	0. 131	0. 100	0. 078
		0. 346	0. 187	0. 000	0. 294	0. 609	0. 149	0. 346		
20132	249	0. 046	0. 000	0. 007	−0. 003	−0. 023	−0. 007	0. 093	0. 077	0. 054
		0. 069	0. 960	0. 018	0. 209	0. 108	0. 036	0. 352		

续表

月份	样本	常数	γ^M	γ^S	γ^H	γ^{BM}	γ^{SIZE}	γ^{EN}	R^2	Adj_R^2
20133	249	-0.084	-0.061	0.021	-0.008	-0.055	0.017	0.182	0.321	0.304
		0.018	0.000	0.001	0.048	0.005	0.002	0.176		
20134	250	-0.147	-0.002	0.022	0.002	0.005	0.018	0.163	0.196	0.176
		0.000	0.814	0.000	0.352	0.778	0.000	0.183		
20135	251	0.135	0.031	0.032	-0.001	-0.038	-0.012	0.036	0.249	0.231
		0.000	0.000	0.000	0.769	0.028	0.017	0.800		
20136	249	-0.230	-0.064	0.030	-0.014	-0.055	0.034	-0.131	0.427	0.413
		0.000	0.000	0.000	0.001	0.001	0.000	0.331		
20137	249	-0.060	0.010	0.035	-0.019	0.025	0.009	0.050	0.196	0.176
		0.199	0.449	0.000	0.000	0.163	0.149	0.710		
20138	248	0.088	0.025	-0.008	-0.012	0.044	-0.012	-0.193	0.200	0.180
		0.012	0.009	0.074	0.000	0.002	0.014	0.089		
20139	249	-0.018	0.037	0.024	0.004	-0.023	0.009	-0.073	0.262	0.243
		0.627	0.000	0.000	0.320	0.253	0.142	0.623		
201310	253	-0.132	0.010	-0.001	0.007	0.071	0.011	-0.056	0.126	0.105
		0.001	0.264	0.907	0.062	0.000	0.059	0.682		
201311	253	0.015	0.005	0.019	0.001	-0.015	0.004	0.061	0.112	0.090
		0.653	0.575	0.000	0.815	0.250	0.349	0.615		
201312	251	-0.041	-0.010	-0.017	0.007	-0.029	0.006	-0.144	0.103	0.081
		0.194	0.317	0.016	0.012	0.013	0.166	0.169		

表 B-2 Kullback-Leiber 距离回归结果

月份	样本	常数	γ^M	γ^S	γ^H	γ^{PB}	γ^{SIZE}	γ^{KL}	R^2	Adj_R^2
20112	257	0.134	0.017	-0.004	0	-0.081	-0.011	-0.042	0.124	0.103
		0	0.025	0.173	0.934	0	0.015	0.59		
20113	257	-0.093	0.011	-0.001	0.015	0.018	0.011	0.031	0.133	0.112
		0.005	0.226	0.91	0.001	0.559	0.045	0.667		
20114	259	-0.061	-0.016	0.005	-0.003	0.118	0.005	-0.076	0.138	0.117
		0.04	0.05	0.286	0.326	0	0.313	0.326		
20115	262	-0.077	-0.044	0.001	0.002	-0.032	0.012	-0.04	0.154	0.134
		0.001	0	0.922	0.345	0.094	0.001	0.478		

续表

月份	样本	常数	γ^M	γ^S	γ^H	γ^{PB}	γ^{SIZE}	γ^{KL}	R^2	Adj_R^2
20116	262	0. 075	−0. 007	−0. 003	0. 006	−0. 113	0. 001	−0. 002	0. 109	0. 088
		0. 013	0. 546	0. 519	0. 047	0	0. 849	0. 972		
20117	263	0. 145	−0. 056	−0. 028	−0. 007	−0. 135	−0. 01	0. 383 *	0. 344	0. 329
		0	0	0	0. 071	0	0. 03	0		
20118	265	0. 049	−0. 049	−0. 024	−0. 032	0. 227	−0. 023	−0. 025	0. 465	0. 452
		0. 113	0	0	0	0	0	0. 698		
20119	267	−0. 114	−0. 033	−0. 015	0. 024	−0. 007	0. 009	−0. 021	0. 206	0. 188
		0	0. 007	0. 009	0	0. 733	0. 051	0. 709		
201110	267	0. 064	−0. 024	−0. 001	0. 015	0. 023	−0. 001	0. 019	0. 18	0. 161
		0. 017	0. 016	0. 715	0	0. 194	0. 735	0. 726		
201111	267	0. 041	−0. 077	−0. 01	−0. 013	−0. 067	0. 001	0. 051	0. 353	0. 338
		0. 12	0	0. 004	0	0	0. 862	0. 341		
201112	269	−0. 205	−0. 025	−0. 015	0. 004	0. 043	0. 023	0. 021	0. 123	0. 103
		0	0. 068	0. 098	0. 532	0. 075	0	0. 834		
20121	288	−0. 187	0. 093	−0. 027	0. 001	0. 067	0. 014	0. 069	0. 318	0. 303
		0	0	0	0. 885	0. 001	0. 005	0. 321		
20122	288	0. 228	−0. 012	−0. 004	0. 004	−0. 04	−0. 02	−0. 098	0. 147	0. 129
		0	0. 098	0. 369	0. 27	0. 005	0	0. 178		
20123	287	0. 035	−0. 05	−0. 02	0. 01	−0. 057	−0. 004	−0. 029	0. 109	0. 09
		0. 29	0	0. 001	0. 045	0. 002	0. 386	0. 674		
20124	289	0. 011	0. 046	−0. 008	0. 005	0. 007	0	−0. 011	0. 27	0. 255
		0. 639	0	0. 018	0. 079	0. 644	0. 927	0. 825		
20125	291	0. 094	−0. 001	−0. 011	−0. 003	−0. 041	−0. 01	−0. 029	0. 067	0. 047
		0. 003	0. 889	0. 017	0. 484	0. 039	0. 037	0. 663		
20126	290	0. 007	−0. 095	−0. 019	0. 001	−0. 052	0. 011	0. 058	0. 349	0. 335
		0. 799	0	0	0. 8	0. 005	0. 022	0. 508		
20127	291	−0. 099	−0. 026	−0. 032	0. 001	0. 013	0. 011	0. 006	0. 182	0. 165
		0. 001	0	0	0. 736	0. 433	0. 014	0. 92		
20128	290	−0. 032	−0. 017	0. 016	−0. 01	0. 006	−0. 001	0. 04	0. 108	0. 089
		0. 306	0. 026	0. 009	0. 024	0. 739	0. 873	0. 578		

续表

月份	样本	常数	γ^{M}	γ^{S}	γ^{H}	γ^{PB}	γ^{SIZE}	γ^{KL}	R^2	Adj_R^2
20129	288	-0.096	0.054	0.016	-0.004	-0.075	0.021	-0.009	0.232	0.216
		0.001	0	0.011	0.288	0	0	0.892		
201210	286	-0.017	-0.022	-0.021	0	0.049	-0.001	-0.011	0.126	0.107
		0.558	0.013	0	0.995	0	0.823	0.864		
201211	289	-0.24	-0.008	-0.001	0.016	0.08	0.024	0.068	0.332	0.318
		0	0.379	0.854	0	0	0	0.205		
201212	290	0.114	0.111	-0.001	0.007	-0.051	-0.008	-0.013	0.319	0.304
		0	0	0.844	0.031	0.001	0.067	0.868		
20131	254	-0.02	0.014	0.028	-0.005	0.013	0.008	-0.05	0.099	0.077
		0.579	0.193	0	0.276	0.548	0.147	0.512		
20132	249	0.061	0	0.006	-0.003	-0.023	-0.008	-0.051	0.078	0.055
		0.003	0.981	0.021	0.218	0.111	0.028	0.261		
20133	249	-0.06	-0.061	0.021	-0.008	-0.055	0.017	-0.095	0.32	0.303
		0.06	0	0.002	0.052	0.005	0.001	0.256		
20134	250	-0.124	-0.002	0.022	0.003	0.006	0.018	-0.042	0.191	0.171
		0	0.828	0	0.308	0.713	0	0.604		
20135	251	0.14	0.031	0.032	-0.001	-0.039	-0.012	-0.021	0.249	0.231
		0	0	0	0.763	0.027	0.017	0.819		
20136	249	-0.25	-0.063	0.031	-0.014	-0.054	0.034	0.041	0.426	0.411
		0	0	0	0.001	0.001	0	0.587		
20137	249	-0.054	0.011	0.035	-0.019	0.025	0.009	-0.021	0.195	0.175
		0.228	0.437	0	0	0.174	0.142	0.839		
20138	248	0.061	0.025	-0.008	-0.012	0.045	-0.012	0.079	0.196	0.176
		0.058	0.008	0.066	0	0.001	0.012	0.188		
20139	249	-0.029	0.037	0.024	0.004	-0.023	0.009	0.072	0.262	0.244
		0.388	0	0	0.273	0.249	0.144	0.467		
201310	253	-0.141	0.01	-0.001	0.007	0.069	0.012	0.061	0.128	0.107
		0	0.283	0.915	0.061	0	0.053	0.355		
201311	251	0.023	0.004	0.019	0.001	-0.017	0.004	0.024	0.112	0.09
		0.382	0.59	0	0.763	0.194	0.356	0.676		
201312	251	-0.057	-0.009	-0.017	0.007	-0.03	0.006	0.002	0.096	0.073
		0.055	0.335	0.011	0.015	0.012	0.196	0.966		

附录 C　对规模分组的稳健性检验结果

1. 描述性统计分析

表 C-1 给出各变量的均值和标准差。按照股票市值 30%、40%、30%分为大、中、小型三组股票。表 C-1 对样本总体和这三个子样本的各变量均值和标准差进行统计。

表 C-1　重要变量描述性统计

	全样本		小型股		中型股		大型股	
	均值	标准差	均值	标准差	均值	标准差	均值	标准差
$CAR_{[0,60]}$	0.004	0.120	0.003	0.120	0.007	0.125	-0.001	0.113
$InsNT_{[-10,-1]}$	-0.003	0.722	-0.011	0.804	-0.017	0.675	0.023	0.646
$InsNT_{[-20,-1]}$	-0.036	1.073	-0.0471	1.2101	-0.0574	1.0161	0.003	0.917
$InsNT_{[-60,-1]}$	-0.042	1.963	-0.0374	2.1026	-0.0685	1.9928	-0.018	1.716
$CAR_{[-10,-1]}$	-0.002	0.104	-0.0067	0.1075	0.0015	0.1109	0.0002	0.092
$CAR_{[-20,-1]}$	-0.002	0.094	-0.0065	0.0970	0.0022	0.0989	0.0012	0.084
$CAR_{[-60,-1]}$	-0.004	0.112	-0.0087	0.1145	0.0003	0.1193	-0.0004	0.099
ES	-0.065	2.339	0.0390	3.0677	-0.062	1.6690	-0.1900	1.664
$PIN_{[-20,-1]}$	0.184	0.118	0.1822	0.1438	0.187	0.0979	0.185	0.096
$PIN_{[-60,-1]}$	0.190	0.096	0.1890	0.0958	0.192	0.0946	0.190	0.096

2. 盈余公告前后的机构投资者异常净交易指标分析

表 C-2 显示了样本期所包含的 2728 个盈余公告日前后机构投资者异常净交易指标 $InsNT_{[t,T]}$（$InsNT_{[-T,-t]}$）的均值，其中 0 时刻表示事件日，即盈余公告日。表 C-2 对样本总体和这三个子样本的盈余公告日前后

$InsNT_{[t,T]}$（$InsNT_{[-T,-t]}$）的均值进行了统计，图 C-1 是相应地以窗口期为横坐标、$InsNT_{[t,T]}$（$InsNT_{[-T,-t]}$）均值为纵坐标的折线图。

表 C-2 盈余公告日前后机构投资者异常净交易指标 $InsNT_{[t,T]}$（$InsNT_{[-T,-t]}$）

	窗口期							
	[-60，-1]	[-20，-1]	[-10，-1]	[-5，-1]	[0，1]	[2，6]	[2，11]	[2，21]
全样本	-0.0412	-0.0358	-0.0029	-0.0091	0.0079	0.0300	0.0212	-0.0020
小型股	-0.0322	-0.0467	-0.0104	-0.0306	-0.0070	0.0406	0.0624	0.0432
中型股	-0.0685	-0.0574	-0.0169	0.0069	0.0203	0.0176	0.0044	0.0037
大型股	-0.0180	0.0028	0.0233	0.0056	0.0163	0.0286	-0.0157	-0.0560

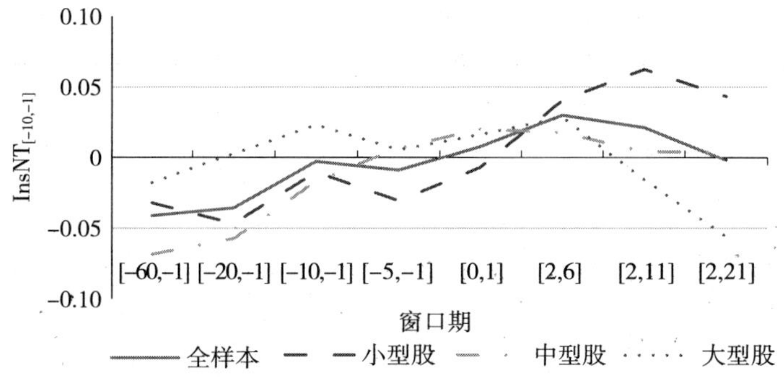

图 C-1 盈余公告日前后机构投资者异常净交易指标

3. 分组分析

（1）多窗口超额收益的分组分析。表 C-3 计算了每组样本股的超额收益 $CAR_{[t,T]}$ 的均值和标准差，以观察公告日（[0，1]）及之后的周（[2，6]、[2，11]）、月（[2，21]）、季度（[2，61]）等不同窗口期的超额收益大小，表格最后一行为对第 1 组和第 5 组数据差异性的检验。图 C-2 是相应的以组别为横坐标、$CAR_{[t,T]}$ 均值为纵坐标的折线图。

表 C-3 根据 $InsNT_{[-10,-1]}$ 分组的各窗口期超额收益

$InsNT_{[-10,-1]}$		$CAR_{[t,T]}$					
		[0, 1]	[2, 6]	[2, 11]	[2, 21]	[2, 61]	[0, 60]
第 1 组（强卖）	均值	0.0009	0.0017	0.0035	0.0051	−0.0134	−0.0132
	标准差	0.0265	0.0364	0.0513	0.0636	0.1243	0.1210
第 2 组	均值	0.0023	0.0030	0.0063	0.0103	0.0099	0.0111
	标准差	0.0277	0.0384	0.0491	0.0664	0.1220	0.1222
第 3 组	均值	0.0007	0.0003	0.0057	0.0093	0.0054	0.0069
	标准差	0.0268	0.0385	0.0522	0.0696	0.1201	0.1227
第 4 组	均值	0.0015	−0.0016	−0.0003	0.0087	0.0097	0.0120
	标准差	0.0240	0.0356	0.0456	0.0651	0.1180	0.1180
第 5 组（强买）	均值	0.0001	0.0022	0.0016	0.0054	0.0000	0.0011
	标准差	0.0272	0.0435	0.0528	0.0717	0.1112	0.1129
第 5 组与第 1 组差异	t 值	0.4480	−0.1742	0.6185	−0.0812	−1.8735	−2.0139

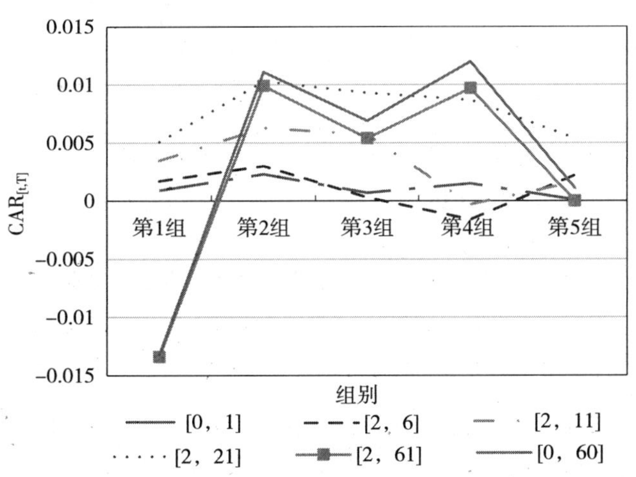

图 C-2 根据 $InsNT_{[-10,-1]}$ 分组的各窗口期超额收益

（2）检验惯性效应的分组分析。按照机构投资者的异常净交易指标 $InsNT_{[-10,-1]}$，将 2728 个样本公告日从小到大平均分为 5 大组，第 1 大组为最强卖组，第 5 大组为最强买组；然后在 5 个大组内根据公告日前 10 日超额收益 $CAR_{[-10,-1]}$ 从小到大平均分为 5 小组，第 1 小组为 $CAR_{[-10,-1]}$ 值最小组，第 5 小组为 $CAR_{[-10,-1]}$ 最大组。表 C-4 对这 25 个组的事件日后 60 日超额收益 $CAR_{[0,60]}$ 进行统计，表格最后一列为对同一个大组内第 1 小组和第 5 小组数据差异性的检验。

表 C-4 根据 $InsNT_{[-10,-1]}$ 及 $CAR_{[-10,-1]}$ 分组的公告日后 60 日超额收益

$InsNT_{[-10,-1]}$	$CAR_{[-10,-1]}$					最大-最小 t 值
	最小	第 2 小组	第 3 小组	第 4 小组	最大	
第 1 大组（强卖）	0.0002	0.0141	-0.0255	-0.0056	-0.0490	2.8672
第 2 大组	-0.0021	0.0313	-0.0077	0.0311	0.0031	-0.3582
第 3 大组	-0.0131	-0.0031	0.0275	0.0216	0.0016	-0.9088
第 4 大组	-0.0134	0.0023	0.0226	0.0190	0.0293	-2.8617
第 5 大组（强买）	-0.0130	-0.0047	-0.0032	0.0161	0.0102	-1.5939

（3）检验未预期盈余效应的分组分析。首先按照机构投资者的异常净交易指标 $InsNT_{[-10,-1]}$，将样本从小到大平均分为 5 大组，第 1 大组为最强卖组，第 5 大组为最强买组；然后在 5 个大组内根据未预期盈余 ES 再从小到大平均分为 5 小组，第 1 小组为 ES 值最小组，第 5 小组为 ES 值最大组。表 C-5 对这 25 个组的事件日后 60 日超额收益 $CAR_{[0,60]}$ 进行统计，表格最后一列为对同一个大组内第 1 小组和第 5 小组数据差异性的检验。

表 C-5 根据 $InsNT_{[-10,-1]}$ 及 ES 分组的 60 日超额收益

$InsNT_{[-10,-1]}$	ES					最大-最小 t 值
	最小	第 2 小组	第 3 小组	第 4 小组	最大	
第 1 组（强卖）	-0.0079	-0.0212	0.00003	-0.0113	-0.0257	1.023
第 2 组	-0.0062	0.0138	0.0298	0.0172	0.0011	-0.4647
第 3 组	0.0029	-0.0022	0.0261	0.0015	0.0062	-0.1940
第 4 组	0.0097	-0.0126	0.0239	0.0343	0.0047	0.3180
第 5 组（强买）	0.0002	0.0174	-0.0010	0.0042	-0.0156	1.0783

附录 D　对中小股子样本的稳健性检验

1. 子样本机构投资者异常净交易对超额收益的影响

按照模型 1 对子样本进行回归，被解释变量为公告日至第 60 天的超额收益 $CAR_{[0,60]}$，回归系数如表 D-1 所示。

表 D-1　子样本机构投资者异常净交易对超额收益影响的回归结果

回归 1	截距项	$InsNT_{[-10,-1]}$	$CAR_{[-10,-1]}$	ES_1	ES_2	ES_4	ES_5
系数	0.0191**	0.0099**	0.0567**	-0.0162*	-0.0109	-0.0115	-0.0279**
T 值	2.99	2.66	2.22	-1.81	-1.23	-1.28	-3.19
回归 2	截距项	$InsNT_{[-20,-1]}$	$CAR_{[-20,-1]}$	ES_1	ES_2	ES_4	ES_5
系数	0.0194**	0.0066**	0.0556*	-0.0168*	-0.0106	-0.0115	-0.0281**
T 值	3.04	2.71	1.96	-1.88	-1.20	-1.27	-3.21
回归 3	截距项	$InsNT_{[-60,-1]}$	$CAR_{[-60,-1]}$	ES_1	ES_2	ES_4	ES_5
系数	0.0197**	0.0014	0.0733**	-0.0170*	-0.0112	-0.0122	-0.0285**
T 值	3.09	1.06	3.07	-1.91	-1.26	-1.36	-3.25

注：** 代表在 5%的水平上显著，* 代表在 10%的水平上显著。

2. 子样本信息交易概率对超额收益的影响

表 D-2　子样本信息交易概率对超额收益影响的回归结果

回归 1	截距项	$PIN_{[-20,-1]}$	$CAR_{[-20,-1]}$	ES_1	ES_2	ES_4	ES_5
系数	0.0238**	-0.0235	0.0572*	-0.0176*	-0.0113	-0.0118	-0.0283**
T 值	3.10	-1.07	2.01	-1.97	-1.27	-1.30	-3.23
回归 2	截距项	$PIN_{[-60,-1]}$	$CAR_{[-60,-1]}$	ES_1	ES_2	ES_4	ES_5
系数	0.0174**	0.0122	0.0741**	-0.0172*	-0.0113	-0.0124	-0.0284**
T 值	2.05	0.42	3.11	-1.93	-1.27	-1.38	-3.24

注：** 代表在 5%的水平上显著，* 代表在 10%的水平上显著。

3. 子样本机构投资者异常净交易下信息交易概率对超额收益的影响

表 D-3 子样本机构投资者异常净交易下信息交易概率对超额收益的影响

回归 1	截距项	$CAR_{[-20,-1]}$	ES_1	ES_2	ES_4	ES_5	$InsNT_{[-20,-1]}$	$PIN_{[-20,-1]}$	$InsNT_{[-20,-1]} \times PIN_{[-20,-1]}$
系数	0.0237**	0.0559**	-0.0169*	-0.0108	-0.0115	-0.0282**	0.0055	-0.0230	0.0066
T值	3.10	1.97	-1.90	-1.22	-1.27	-3.21	1.46	-1.04	0.37
回归 2	截距项	$CAR_{[-60,-1]}$	ES_1	ES_2	ES_4	ES_5	$InsNT_{[-60,-1]}$	$PIN_{[-60,-1]}$	$InsNT_{[-60,-1]} \times PIN_{[-60,-1]}$
系数	0.0170**	0.0741**	-0.0173*	-0.0118	-0.0131	-0.0281**	-0.0042*	0.0152	0.0293**
T值	1.99	3.11	-1.94	-1.33	-1.45	-3.21	-1.36	0.52	2.03

注：**代表在5%的水平上显著，*代表在10%的水平上显著。

附录 E　持股家数倒数的（带交叉项）回归结果

表 E-1　持股家数倒数的回归结果

报告期	常数	t 值	1/Wth	t 值	Dpth	t 值	BM	t 值	logSize	t 值	R^2
20066	−0. 194	−0. 901	−0. 004	−0. 118	−0. 305	−0. 571	−0. 035	−1. 314	0. 021	0. 998	0. 016
200612	0. 423	1. 828	−0. 087	−2. 531	−0. 304	−1. 038	0. 065	1. 829	−0. 030	−1. 334	0. 033
20076	−0. 248	−1. 178	−0. 006	−0. 175	0. 492	2. 656	−0. 031	−0. 479	0. 021	1. 049	0. 065
200712	0. 267	1. 133	0. 047	0. 818	0. 647	3. 916	0. 093	1. 022	−0. 028	−1. 291	0. 070
20086	0. 350	1. 881	−0. 050	−1. 269	−0. 102	−0. 774	−0. 018	−0. 512	−0. 033	−1. 870	0. 016
200812	0. 511	2. 798	−0. 097	−2. 876	−0. 116	−0. 866	0. 060	2. 356	−0. 051	−2. 848	0. 076
20096	0. 232	1. 127	−0. 059	−1. 707	0. 031	0. 194	0. 108	2. 193	−0. 026	−1. 299	0. 034
200912	0. 336	2. 247	0. 007	0. 260	−0. 366	−2. 976	0. 046	1. 177	−0. 033	−2. 295	0. 081
20106	−0. 011	−0. 094	−0. 001	−0. 057	0. 207	1. 803	0. 064	3. 250	−0. 003	−0. 293	0. 033
201012	−0. 144	−0. 931	−0. 033	−1. 702	0. 108	0. 702	0. 112	4. 304	0. 011	0. 720	0. 089
20116	0. 099	0. 945	−0. 009	−0. 847	−0. 081	−0. 694	0. 047	2. 872	−0. 012	−1. 187	0. 018
201112	0. 132	1. 394	−0. 017	−1. 550	−0. 369	−3. 462	−0. 003	−0. 240	−0. 010	−1. 109	0. 025
20126	0. 041	0. 438	−0. 027	−1. 200	−0. 063	−0. 516	0. 004	0. 304	−0. 004	−0. 386	0. 002
201212	−0. 200	−1. 909	−0. 038	−1. 349	0. 111	0. 839	0. 000	0. 000	0. 018	1. 787	0. 026
20136	−0. 114	−1. 082	−0. 001	−0. 054	−0. 251	−1. 919	−0. 038	−4. 007	0. 013	1. 267	0. 024
201312	−0. 113	−0. 827	−0. 006	−0. 149	−0. 626	−3. 989	−0. 015	−1. 223	0. 011	0. 800	0. 023
20146	0. 285	2. 190	−0. 162	−3. 939	−0. 134	−0. 868	−0. 050	−4. 704	−0. 023	−1. 813	0. 050
201412	0. 446	3. 082	−0. 053	−1. 060	0. 406	1. 510	−0. 006	−0. 260	−0. 043	−3. 126	0. 018
20156	0. 093	0. 346	−0. 104	−0. 791	−0. 037	−0. 055	−0. 007	−0. 164	−0. 011	−0. 463	0. 001
201512	−0. 224	−1. 081	−0. 101	−1. 222	0. 385	0. 838	0. 099	4. 111	0. 012	0. 617	0. 039
20166	0. 536	4. 303	−0. 210	−3. 774	0. 550	1. 959	−0. 031	−2. 576	−0. 047	−3. 959	0. 055
201612	−0. 182	−0. 967	0. 160	1. 878	−0. 072	−0. 152	0. 011	0. 496	0. 014	0. 768	0. 007
横截面	0. 105	1. 896	−0. 039	−2. 438	0. 005	0. 070	0. 022	1. 951	−0. 011	−2. 119	
OLS	0. 130	4. 343	−0. 005	−0. 894	0. 171	5. 0620	0. 011	2. 867	−0. 014	4. 988	0. 005

表 E-2 持股家数倒数的带交叉项回归结果

报告期	常数	t 值	1/Wth	t 值	Dpty	t 值	BM	t 值	logSize	t 值	交叉项	t 值	R^2
20066	-0. 004	-0. 016	0. 023	0. 653	-3. 153	-1. 951	-0. 028	-1. 050	0. 000	0. 014	2. 566	1. 753	0. 029
200612	0. 262	0. 870	0. 055	1. 380	1. 046	0. 919	0. 063	1. 755	-0. 020	-0. 644	-1. 187	-1. 364	0. 026
20076	0. 002	0. 008	0. 053	1. 689	0. 592	0. 630	-0. 025	-0. 393	-0. 007	-0. 248	-0. 308	-0. 495	0. 077
200712	0. 461	1. 453	-0. 011	-0. 300	-0. 302	-0. 365	0. 090	0. 984	-0. 045	-1. 388	0. 637	1. 205	0. 074
20086	0. 532	2. 221	0. 073	2. 580	-0. 114	-0. 155	-0. 020	-0. 586	-0. 058	-2. 340	-0. 180	-0. 389	0. 038
200812	0. 558	2. 282	0. 085	3. 034	0. 795	1. 119	0. 058	2. 295	-0. 065	-2. 521	-0. 769	-1. 777	0. 097
20096	0. 685	2. 350	0. 088	2. 878	-1. 180	-1. 300	0. 098	2. 012	-0. 078	-2. 605	0. 493	0. 972	0. 052
200912	0. 110	0. 545	-0. 020	-0. 921	0. 812	1. 186	0. 045	1. 171	-0. 009	-0. 448	-0. 642	-1. 656	0. 091
20106	0. 094	0. 696	0. 015	1. 124	-0. 079	-0. 122	0. 057	2. 893	-0. 014	-1. 031	0. 105	0. 271	0. 036
201012	0. 042	0. 235	0. 047	2. 889	-0. 409	-0. 469	0. 109	4. 304	-0. 012	-0. 646	0. 143	0. 279	0. 102
20116	0. 117	0. 902	0. 009	0. 796	-0. 100	-0. 137	0. 046	2. 808	-0. 015	-1. 105	-0. 018	-0. 044	0. 018
201112	0. 320	2. 758	0. 032	3. 058	-1. 446	-2. 303	-0. 005	-0. 455	-0. 031	-2. 599	0. 493	1. 461	0. 038
20126	0. 142	1. 170	0. 027	1. 776	-0. 633	-0. 765	0. 003	0. 221	-0. 016	-1. 242	0. 213	0. 501	0. 005
201212	-0. 173	-1. 274	0. 018	1. 127	0. 178	0. 173	-0. 001	-0. 096	0. 013	0. 915	-0. 081	-0. 150	0. 025
20136	-0. 245	-1. 943	-0. 021	-1. 323	0. 539	0. 498	-0. 037	-3. 878	0. 028	2. 034	-0. 342	-0. 621	0. 026
201312	-0. 210	-1. 369	-0. 011	-0. 635	2. 071	1. 573	-0. 015	-1. 185	0. 021	1. 262	-1. 408	-2. 062	0. 028
20146	0. 345	2. 414	0. 063	3. 807	1. 050	0. 794	-0. 053	-4. 883	-0. 037	-2. 429	-0. 796	-1. 155	0. 054
201412	0. 128	0. 718	-0. 027	-1. 466	1. 777	0. 966	-0. 005	-0. 237	-0. 010	-0. 556	-0. 517	-0. 520	0. 020
20156	-0. 169	-0. 602	-0. 013	-0. 403	2. 078	0. 697	-0. 006	-0. 149	0. 013	0. 458	-0. 993	-0. 572	0. 001
201512	0. 003	0. 014	0. 051	2. 139	-2. 174	-1. 092	0. 093	3. 846	-0. 016	-0. 664	1. 241	1. 070	0. 045
20166	0. 610	4. 450	0. 056	3. 624	-1. 092	-0. 918	-0. 034	-2. 825	-0. 061	-4. 260	0. 757	1. 155	0. 056
201612	-0. 259	-1. 181	-0. 047	-2. 046	-1. 468	-0. 683	0. 012	0. 558	0. 028	1. 216	0. 968	0. 843	0. 009
横截面	0. 152	2. 490	0. 025	2. 993	-0. 055	-0. 192	0. 020	1. 908	-0. 018	-2. 788	0. 017	0. 089	
OLS	0. 105	3. 429	-0. 007	-1. 286	0. 0867	2. 097	0. 012	3. 116	-0. 012	-4. 087	2. 766	3. 568	0. 006

后 记

本书是教育部人文社会科学研究项目一般规划基金项目（项目编号：12YJA790091）的主要成果集成。感谢教育部人文社科基金的资助，使本书在信息交易方面的研究得以完成。感谢南京理工大学各级领导及各位同人在经济上与思想上给予我的支持，他们的帮助与支持使本研究项目圆满完成，也使书稿得以顺利出版。

感谢我指导的硕士研究生丁晴、沈佳、何小红、喻越等，她们在攻读硕士学位期间，积极参与本课题的研究，并据此很好地完成了硕士学位论文的撰写。

由于信息交易及其内容包含广泛，其中很多问题值得深入研究，书中的一些想法或研究存在的不足与疏漏之处还请各位专家学者批评指正，以帮助我们继续讨论与深化。

刘玉灿

于南京理工大学

2017 年 8 月 30 日